쑥쑥
팡팡

엔트리 3급

코딩활용능력

KB212642

씨엔씨에듀 OEUN LIFE SCIENCE

쑥쑥팡팡 코딩활용능력 3급(엔트리)

초판 1쇄 발행 2025년 3월 15일

지 은 이 오은라이프사이언스 R&D팀

발 행 인 유정환

제작총괄 신효순

기획편집 오은라이프사이언스 R&D팀

마 케 팅 신효순

발 행 처 오은라이프사이언스㈜

등   록 2021년 9월 23일(제 2022-000340호)

주   소 서울시 강남구 선릉로 660, 207호(삼성동, 브라운스톤레전드)

전   화 (070)4354-0203

ISBN   979-11-92255-48-4 13000

이 책의 목차

이 책의 구성과 특징

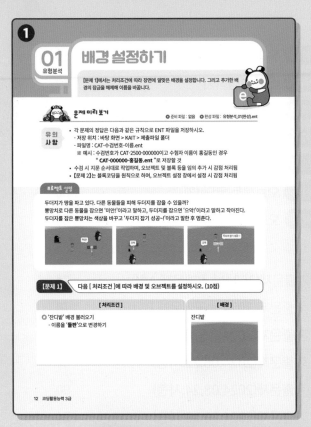

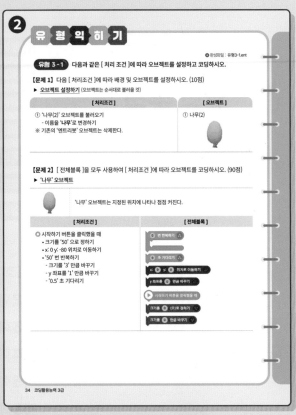

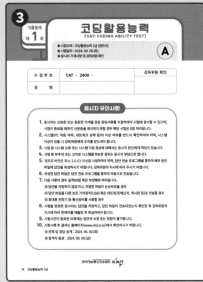

❶ 유형분석

문제 유형, 난이도, 주제별 출제 경향을 파악하여 이를 바탕으로 학습 자료를 출제 경향에 맞게 구성하였습니다. 이를 통해 학생들이 효과적으로 대비할 수 있도록 돕습니다.

❷ 유형익히기

각 유형에 맞는 문제를 제공하여 자주 접하게 될 문제 유형을 반복적으로 연습할 수 있도록 하였습니다.

❸ 기출문제

실제 출제된 기출문제를 통해 실제 시험과 유사한 문제를 접하고, 시험 준비를 체계적으로 할 수 있도록 하였습니다.

❹ 모의고사

기출문제를 기반으로 제작된 모의고사를 활용하여 다양한 유형을 실전처럼 연습할 수 있도록 하였습니다.

코딩활용능력(CAT / Coding Ability Test)

- 프로그램 언어에 대한 이해도, 사용능력 등 코딩 활용능력을 평가하는 자격으로, 프로그램 기반 논리적 사고력, 과학적 창의력을 평가
- 2급, 3급 시험은 블록코딩 프로그램을 사용하여 기본적인 코딩능력 및 처리조건에 맞는 구현이 가능한지에 대한 활용능력을 평가
- 1급 시험은 텍스트 코딩으로 진입하기 위한 프로그램 언어의 기본 문법, 데이터 처리 등 기초 교육과정에 맞춰 능력을 평가

필요성

- 텍스트 코딩 및 블록코딩 프로그램 기본지식 배양
- 텍스트 코딩 언어에 대한 이해를 바탕으로 기본적인 코딩 능력 향상
- 블록코딩 툴을 활용하여 처리 조건에 맞게 구현하는 코딩 능력 향상

자격 종류

- 자격구분 : 민간등록자격
- 등록번호 : 2024-001939

시험 과목

등급	검정과목	검정방법	문항 수	시험시간	배점	합격기준	시험프로그램
1급	- 기본 문법 - 데이터 처리 - 함수 및 모듈	객관식	20문항	40분	100점	60점 이상	Python
2급	- 객체 설정하기 - 객체 코딩하기 - 자료 다루기	실기 (작업식)	3문항	40분	100점	60점 이상	엔트리
3급	- 객체 설정하기 - 객체 코딩하기	실기 (작업식)	2문항	40분	100점	60점 이상	엔트리

※ 시험출제 엔트리 버전 2.0.53이상

응시자격

• 학력, 연령, 경력 제한 없음

시험준비물

주민등록증	운전면허증(국내)	여권(유효기간 내)
공무원증	청소년증	장애인등록증(복지카드)

한국정보통신진흥협회(KAIT) 국가공인자격증 및 국가기술자격증 등

필기도구

필기도구	비고
검정색 볼펜	시험문제지에 이름/수험번호 기재 시 사용

수험표

- 시험접수 → 수험표 출력 메뉴에서 수험표를 출력할 수 있습니다.
- 수험표를 출력하기 위해서는 응시자 본인 여부를 명확히 판단할 수 있는 증명사진이 등록되어야 합니다.
- 수험표는 시험실 및 수험번호 확인을 위해 출력 및 지참하실 것을 권장합니다.

등급: 2급

과목	검정 항목	검정 내용	비고
객체 설정하기	객체	<3급 검정 내용과 동일>	
	장면	장면 추가하기, 장면 코딩하기	
객체 코딩하기	시작	<3급 검정 내용 포함>	
	흐름	<3급 검정 내용 포함>	
	판단	<3급 검정 내용 포함>	
	움직임	<3급 검정 내용과 동일>	
	생김새	<3급 검정 내용과 동일>	
	계산	<3급 검정 내용 포함>	
자료 다루기	변수		변수 관련 전체 블록
	리스트		리스트 관련 전체 블록

등급: 3급

과목	검정 항목	검정 내용	비고
객체 설정하기	객체	객체 추가/삭제하기, 객체 이름 바꾸기	
객체 코딩하기	시작	시작하기 버튼을 클릭했을 때 / q▼ 키를 눌렀을 때 / 마우스를 클릭했을 때 / 마우스 클릭을 해제했을 때 / 오브젝트를 클릭했을 때 / 오브젝트 클릭을 해제했을 때	신호/장면 관련 블록은 2급에 해당
	흐름	만일 참 (이)라면 / 아니면 / 참 이(가) 될 때까지 기다리기 / 계속 반복하기 / 모든▼ 코드 멈추기 / 참 이 될 때까지▼ 반복하기 / 만일 참 (이)라면 / 10 번 반복하기 / 처음부터 다시 실행하기 / 반복 중단하기 / 2 초 기다리기	복제본 관련 블록은 2급에 해당
	움직임	2 초 동안 x: 10 y: 10 위치로 이동하기 / 2 초 동안 엔트리봇▼ 위치로 이동하기 / 2 초 동안 x: 10 y: 10 만큼 움직이기 / 2 초 동안 방향을 90° 만큼 회전하기 / 엔트리봇▼ 위치로 이동하기 / 이동 방향으로 10 만큼 움직이기 / x좌표를 10 만큼 바꾸기 / y좌표를 10 만큼 바꾸기 / 엔트리봇▼ 쪽 바라보기 / x: 10 위치로 이동하기 / y: 10 위치로 이동하기 / x: 0 y: 0 위치로 이동하기 / 방향을 90° 만큼 회전하기 / 이동 방향을 90° 만큼 회전하기 / 화면 끝에 닿으면 튕기기 / 2 초 동안 이동 방향 90° 만큼 회전하기 / 방향을 90° (으)로 정하기 / 이동 방향을 90° (으)로 정하기 / 90° 방향으로 10 만큼 움직이기	움직임 카테고리의 전체 블록
	생김새	모양 보이기 / 모양 숨기기 / 안녕! 을(를) 4 초 동안 말하기 / 안녕! 을(를) 말하기▼ / 말하기 지우기 / 엔트리봇_걷기1▼ 모양으로 바꾸기 / 다음▼ 모양으로 바꾸기 / 색깔▼ 효과를 10 만큼 주기 / 맨 앞으로▼ 보내기 / 색깔▼ 효과를 100 (으)로 정하기 / 효과 모두 지우기 / 크기를 10 만큼 바꾸기 / 크기를 100 (으)로 정하기 / 상하 모양 뒤집기 / 좌우 모양 뒤집기	생김새 카테고리의 전체 블록
	판단	마우스를 클릭했는가? / q▼ 키가 눌러져 있는가? / 마우스포인터▼ 에 닿았는가? / 오브젝트를 클릭했는가? / 10 = 10 / 10 != 10 / 10 > 10 / 10 < 10 / 10 ≥ 10 / 10 ≤ 10	
	계산	10 + 10 / 10 - 10 / 10 x 10 / 10 / 10 / 현재 연도▼ / 0 부터 10 사이의 무작위 수 / 엔트리봇▼ 의 x좌푯값▼	

※ 시험프로그램 : 엔트리
※ 모든 객체(오브젝트)는 엔트리 온라인 버전에서 제공되는 것만 선택하여 사용함

CHAPTER 1
유형분석

OO 유형분석

유의사항과 프로젝트 저장

유의사항에는 프로젝트를 저장하는 경로와 파일 이름을 알려줍니다. 제시된 저장 경로와 파일 이름에 맞춰 저장합니다.

문제 미리 보기

유의사항

- 각 문제의 정답은 다음과 같은 규칙으로 ENT 파일을 저장하시오.
  - 저장 위치 : 바탕 화면 > KAIT > 제출파일 폴더
  - 파일명 : CAT-수검번호-이름.ent
  ※ 예시 : 수검번호가 CAT-2500-000000이고 수험자 이름이 홍길동인 경우
    " **CAT-000000-홍길동.ent** "로 저장할 것
- 수검 시 **지문 순서대로 작업**하며, 오브젝트 및 블록 등을 임의 추가 시 감점 처리됨
- 【문제 2】는 블록코딩을 원칙으로 하며, 오브젝트 설정 창에서 설정 시 감점 처리됨

---

1 엔트리 실행과 프로젝트 저장

1 엔트리를 실행한 다음 [기본형]을 선택합니다. 엔트리가 실행되면 [파일] 메뉴의 [저장하기]를 클릭합니다.

 엔트리 버전 확인

코딩활용능력에서는 최소 2.0.53 이상의 엔트리 버전을 사용합니다. 엔트리를 실행했을 때, 제목표시줄의 엔트리 버전이 2.0.53보다 낮다면 인터넷에서 엔트리(playentry.org)에 접속해 작업을 진행하거나, 감독관에게 문의합니다.

2 [다른 이름으로 저장] 창이 나타나면 [바탕 화면]을 클릭한 다음 [KAIT] 폴더의 [제출파일] 폴더를 차례대로 선택합니다. 파일 이름에 'CAT-수검번호-이름'을 입력하고 [저장]을 클릭합니다.

 파일 저장 경로와 파일 이름 지정

수검번호가 CAT-2512-000000이고 수험자 이름이 '홍길동'이라면 'CAT-000000-홍길동'을 입력해 저장합니다.

3 내 컴퓨터나 탐색기를 실행해 파일이 저장되었는지 확인합니다.

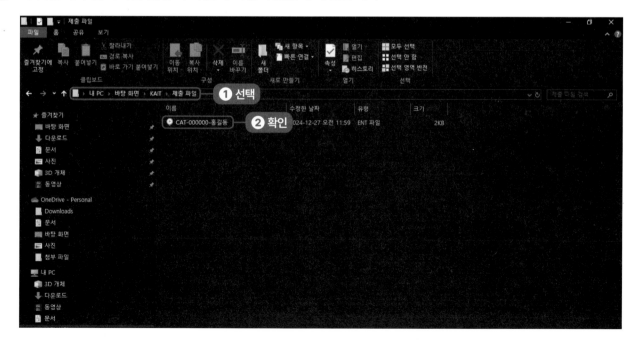

01 유형분석 배경 설정하기

【문제 1】에서는 처리조건에 따라 장면에 알맞은 배경을 설정합니다. 그리고 추가한 배경의 잠금을 해제해 이름을 바꿉니다.

 문제 미리 보기

◉ 준비 파일 : 없음   ◉ 완성 파일 : 유형분석_01(완성).ent

유의 사항

- 각 문제의 정답은 다음과 같은 규칙으로 ENT 파일을 저장하시오.
  - 저장 위치 : 바탕 화면 > KAIT > 제출파일 폴더
  - 파일명 : CAT-수검번호-이름.ent
  ※ 예시 : 수검번호가 CAT-2500-000000이고 수험자 이름이 홍길동인 경우
  " **CAT-000000-홍길동.ent** "로 저장할 것
- 수검 시 **지문 순서대로 작업**하며, 오브젝트 및 블록 등을 임의 추가 시 감점 처리됨
- 【문제 2】는 블록코딩을 원칙으로 하며, 오브젝트 설정 창에서 설정 시 감점 처리됨

프로젝트 설명

두더지가 땅을 파고 있다. 다른 동물들을 피해 두더지를 잡을 수 있을까?
뿅망치로 다른 동물을 잡으면 '미안!'이라고 말하고, 두더지를 잡으면 '으악!'이라고 말하고 작아진다.
두더지를 잡은 뿅망치는 색상을 바꾸고 '두더지 잡기 성공~!'이라고 말한 후 멈춘다.

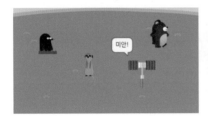  

【문제 1】 다음 [처리조건]에 따라 배경 및 오브젝트를 설정하시오. (10점)

[처리조건]	[배경]
◎ '잔디밭' 배경 불러오기 - 이름을 '**들판**'으로 변경하기	잔디밭

1 배경 추가하기

1 배경을 추가하기 위해 [오브젝트 추가하기(+)]를 클릭합니다.

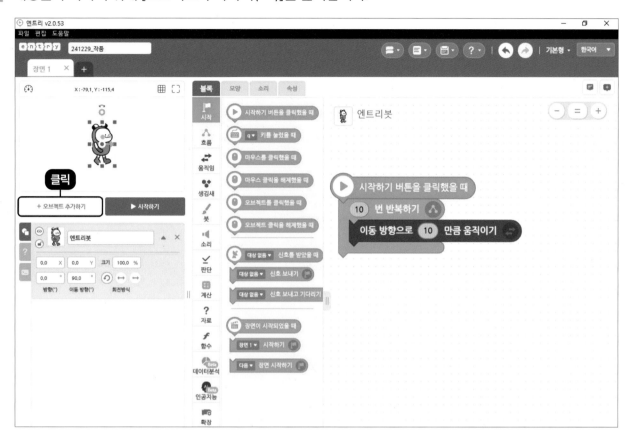

2 [오브젝트 추가하기] 창이 나타나면 문제에 제시된 이름('잔디밭')을 입력해 검색합니다. 검색한 오브젝트에서 추가할 오브젝트를 선택한 다음 [추가하기]를 클릭합니다.

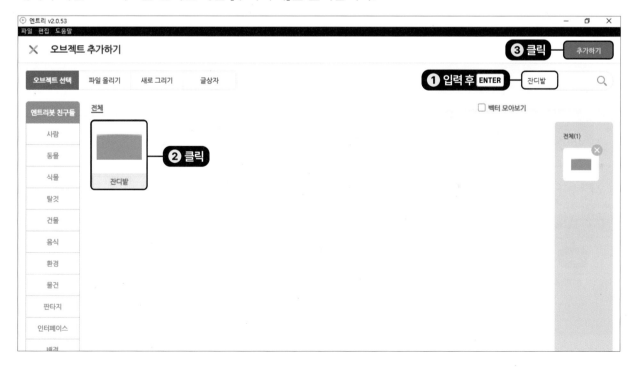

3 추가된 배경 오브젝트의 이름을 바꾸기 위해 오브젝트 영역에서 [잠금(🔒)] 아이콘을 클릭해 [잠금 해제(🔓)]로 바꿉니다.

4 문제에 제시된 오브젝트의 이름('들판')을 입력한 후 ENTER 를 눌러 오브젝트 이름을 바꿉니다.

5 오브젝트의 위치나 이름이 바뀌지 않도록 오브젝트 영역에서 [잠금 해제(🔓)] 아이콘을 클릭해 [잠금(🔒)]으로 바꿉니다.

유 형 익 히 기

유형 1-1 다음 [처리조건]에 따라 배경 및 오브젝트를 설정하시오. (10점)

▶ 배경 설정하기

● 완성파일 : 유형1-1.ent

[처리조건]	[배경]
◎ '공원(3)' 배경 불러오기 　- 이름을 '**공원**'으로 변경하기	공원(3) 

유형 1-2 다음 [처리조건]에 따라 배경 및 오브젝트를 설정하시오. (10점)

▶ 배경 설정하기

● 완성파일 : 유형1-2.ent

[처리조건]	[배경]
◎ '들판(1)' 배경 불러오기 　- 이름을 '**들판**'으로 변경하기	들판(1) 

유형 1-3 다음 [처리조건]에 따라 배경 및 오브젝트를 설정하시오. (10점)

▶ 배경 설정하기

● 완성파일 : 유형1-3.ent

[처리조건]	[배경]
◎ '거대 폭포' 배경 불러오기 　- 이름을 '**폭포**'로 변경하기	거대 폭포 

유형 1-4 다음 [처리조건]에 따라 배경 및 오브젝트를 설정하시오. (10점)

▶ 배경 설정하기

● 완성파일 : 유형1-4.ent

[처리조건]	[배경]
◎ '잔디 언덕(2)' 배경 불러오기 - 이름을 '**언덕**'으로 변경하기	잔디 언덕(2) 

유형 1-5 다음 [처리조건]에 따라 배경 및 오브젝트를 설정하시오. (10점)

▶ 배경 설정하기

● 완성파일 : 유형1-5.ent

[처리조건]	[배경]
◎ '과자나라 풍경' 배경 불러오기 - 이름을 '**과자나라**'로 변경하기	과자나라 풍경 

유형 1-6 다음 [처리조건]에 따라 배경 및 오브젝트를 설정하시오. (10점)

▶ 배경 설정하기

● 완성파일 : 유형1-6.ent

[처리조건]	[배경]
◎ '거실(4)' 배경 불러오기 - 이름을 '**거실**'로 변경하기	거실(4) 

유형 1-7 다음 [처리조건]에 따라 배경 및 오브젝트를 설정하시오. (10점)

▶ 배경 설정하기

● 완성파일 : 유형1-7.ent

[처리조건]	[배경]
◎ '미로(4)' 배경 불러오기 - 이름을 '**미로**'로 변경하기	미로(4) 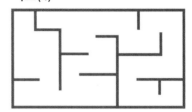

유형 1-8 다음 [처리조건]에 따라 배경 및 오브젝트를 설정하시오. (10점)

▶ 배경 설정하기

● 완성파일 : 유형1-8.ent

[처리조건]	[배경]
◎ '건청궁과 향원정' 배경 불러오기 - 이름을 '**궁궐**'로 변경하기	건청궁과 향원정 

유형 1-9 다음 [처리조건]에 따라 배경 및 오브젝트를 설정하시오. (10점)

▶ 배경 설정하기

● 완성파일 : 유형1-9.ent

[처리조건]	[배경]
◎ '거실(1)' 배경 불러오기 - 이름을 '**거실**'로 변경하기	거실(1) 

오브젝트 설정

처리조건에 맞는 오브젝트를 추가한 후 오브젝트의 이름을 변경하고 기존의 '엔트리봇' 오브젝트는 삭제합니다. 오브젝트를 추가할 때는 순서대로 불러옵니다.

 문제 미리 보기

◉ 준비파일 : 유형분석_02(준비).ent   ◉ 완성파일 : 유형분석_02(완성).ent

【문제 1】 다음 [처리조건]에 따라 배경 및 오브젝트를 설정하시오. (10점)

▶ 배경 설정하기

[처리조건]	[배경]
◎ '잔디밭' 배경 불러오기 　- 이름을 '들판'으로 변경하기	잔디밭

▶ <u>오브젝트 설정하기</u> (오브젝트는 순서대로 불러올 것)

[처리조건]	[배경]	
① '두더지' 오브젝트를 불러오기 　- 이름 **변경 없음** ② '곰(1)' 오브젝트를 불러오기 　- 이름을 '**곰**'으로 변경하기 ③ '미어캣' 오브젝트를 불러오기 　- 이름 **변경 없음** ④ '뿅망치' 오브젝트를 불러오기 　- 이름 **변경 없음** ※ 기존의 '엔트리봇' 오브젝트는 삭제한다.	① 두더지	② 곰(1)
	③ 미어캣	④ 뿅망치

1 실행 영역에서 [오브젝트 추가하기(+)]를 클릭합니다.

2 [오브젝트 추가하기] 창이 나타나면 문제에 제시된 이름('두더지')을 입력해 검색합니다. 검색된 오브젝트에서 추가할 오브젝트를 선택합니다.

 오브젝트 추가하기

문제에 제시된 오브젝트를 한 번에 모두 삽입해도 되므로 [추가하기] 버튼을 클릭하지 않습니다.

3 '곰(1)'을 입력해 검색한 다음 추가할 오브젝트를 선택합니다.

오브젝트 선택

오브젝트는 문제에 제시된 순서대로 선택합니다. 문제에 제시된 순서대로 오브젝트를 추가하지 않으면 감점의 대상이 될 수 있습니다.

4 같은 방법으로 '미어캣', '뿅망치' 오브젝트를 검색한 다음 선택한 후 [추가하기]를 클릭합니다.

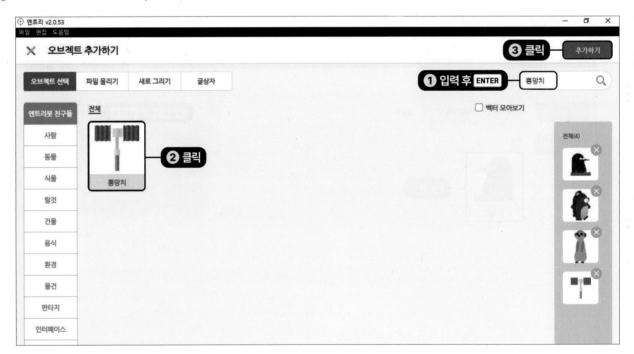

잘못 추가한 오브젝트

오브젝트를 잘못 추가했으면 [삭제(❌)]를 클릭해 지울 수 있습니다.

5 오브젝트 영역에 오브젝트가 추가되면 문제에 제시된 순서대로 배치되었는지 확인합니다.

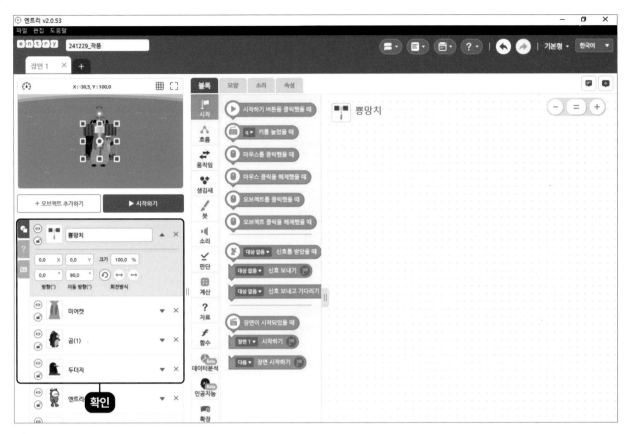

 오브젝트 순서 바꾸기

처리조건의 순서대로 오브젝트를 추가하면 가장 먼저 추가한 오브젝트가 가장 아래에 배치됩니다. 만약, 오브젝트 순서가 맞지 않는다면 오브젝트 영역에서 오브젝트를 드래그해 순서를 바꿉니다.

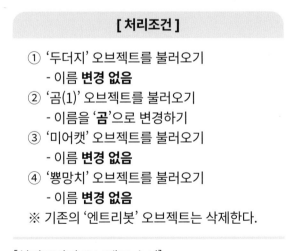

[처리조건]

① '두더지' 오브젝트를 불러오기
   - 이름 **변경 없음**
② '곰(1)' 오브젝트를 불러오기
   - 이름을 '**곰**'으로 변경하기
③ '미어캣' 오브젝트를 불러오기
   - 이름 **변경 없음**
④ '뽕망치' 오브젝트를 불러오기
   - 이름 **변경 없음**
※ 기존의 '엔트리봇' 오브젝트는 삭제한다.

[처리조건의 오브젝트 순서]

[오브젝트 추가 순서]

1 오브젝트 영역에서 '곰(1)' 오브젝트를 선택한 후 이름에 '곰'을 입력하고 ENTER 를 눌러 이름을 바꿉니다.

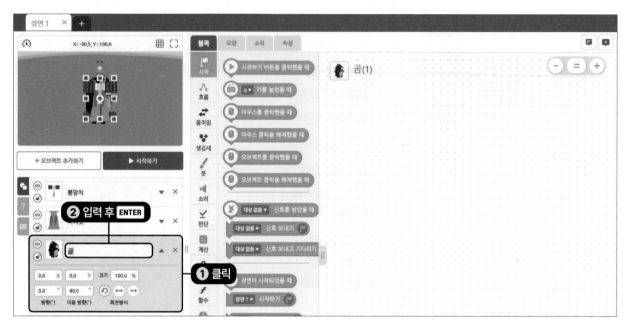

오브젝트 이름 변경 없음

처리조건에서 '이름 변경 없음'과 같이 제시된 오브젝트는 이름을 바꾸지 않습니다.

2 오브젝트 영역에서 '엔트리봇' 오브젝트를 선택한 다음 [삭제(✕)]를 클릭해 '엔트리봇' 오브젝트를 삭제합니다.

유형 익히기

유형 2-1

●완성파일 : 유형2-1.ent

유의 사항

- 각 문제의 정답은 다음과 같은 규칙으로 ENT 파일을 저장하시오.
  - 저장 위치 : 바탕 화면 > KAIT > 제출파일 폴더
  - 파일명 : CAT-수검번호-이름.ent
    ※ 예시 : 수검번호가 CAT-2500-000000이고 수험자 이름이 홍길동인 경우
    " **CAT-000000-홍길동.ent** "로 저장할 것
- 수검 시 **지문 순서대로 작업**하며, 오브젝트 및 블록 등을 임의 추가 시 감점 처리됨
- 【문제 2】는 블록코딩을 원칙으로 하며, 오브젝트 설정 창에서 설정 시 감점 처리됨

【문제 1】 다음 [처리조건]에 따라 배경 및 오브젝트를 설정하시오. (10점)

▶ **배경 설정하기**

[처리조건]	[배경]
◎ '숲속(1)' 배경 불러오기 - 이름을 '**숲속**'으로 변경하기	숲속(1) 

▶ **오브젝트 설정하기** (오브젝트는 순서대로 불러올 것)

[처리조건]	[오브젝트]	
① '개미(2)' 오브젝트를 불러오기 - 이름을 '**개미**'로 변경하기 ② '곰(1)' 오브젝트를 불러오기 - 이름을 '**곰**'으로 변경하기 ③ '나비(1)' 오브젝트를 불러오기 - 이름을 '**나비**'로 변경하기 ④ '꿀벌' 오브젝트를 불러오기 - 이름 **변경 없음** ※ 기존의 '엔트리봇' 오브젝트는 삭제한다.	① 개미(2) ③ 나비(1) 	② 곰(1) ④ 꿀벌

유형 2-2

●완성파일 : 유형2-2.ent

유의
사항

• 각 문제의 정답은 다음과 같은 규칙으로 ENT 파일을 저장하시오.
  - 저장 위치 : 바탕 화면 > KAIT > 제출파일 폴더
  - 파일명 : CAT-수검번호-이름.ent
  ※ 예시 : 수검번호가 CAT-2500-000000이고 수험자 이름이 홍길동인 경우
    " **CAT-000000-홍길동.ent** "로 저장할 것
• 수검 시 **지문 순서대로 작업**하며, 오브젝트 및 블록 등을 임의 추가 시 감점 처리됨
• **【문제 2】**는 블록코딩을 원칙으로 하며, 오브젝트 설정 창에서 설정 시 감점 처리됨

【문제 1】 다음 [처리조건]에 따라 배경 및 오브젝트를 설정하시오. (10점)

▶ **배경 설정하기**

[처리조건]	[배경]
◎ '도시(1)' 배경 불러오기 - 이름을 '**도시**'로 변경하기	도시(1) 

▶ **오브젝트 설정하기** (오브젝트는 순서대로 불러올 것)

[처리조건]	[오브젝트]	

① '빨간 자동차' 오브젝트를 불러오기
  - 이름을 '**자동차**'로 변경하기
② '소방차' 오브젝트를 불러오기
  - 이름 **변경 없음**
③ '작은 버스' 오브젝트를 불러오기
  - 이름 **변경 없음**
④ '파란 버스' 오브젝트를 불러오기
  - 이름을 '**큰 버스**'로 변경하기
※ 기존의 '엔트리봇' 오브젝트는 삭제한다.
	① 빨간 자동차

	③ 작은 버스

		② 소방차

		④ 파란 버스

유형 2-3

유의
사항
	• 각 문제의 정답은 다음과 같은 규칙으로 ENT 파일을 저장하시오.
	  - 저장 위치 : 바탕 화면 > KAIT > 제출파일 폴더
	  - 파일명 : CAT-수검번호-이름.ent
	  ※ 예사 : 수검번호가 CAT-2500-000000이고 수험자 이름이 홍길동인 경우
	      " **CAT-000000-홍길동.ent** "로 저장할 것
	• 수검 시 **지문 순서대로 작업**하며, 오브젝트 및 블록 등을 임의 추가 시 감점 처리됨
	• 【문제 2】는 블록코딩을 원칙으로 하며, 오브젝트 설정 창에서 설정 시 감점 처리됨

【문제 1】 다음 [처리조건]에 따라 배경 및 오브젝트를 설정하시오. (10점)

▶ **배경 설정하기**

[처리조건]	[배경]
◎ '바닷속(3)' 배경 불러오기 - 이름을 '**바닷속**'으로 변경하기	바닷속(3) 

▶ <u>**오브젝트 설정하기**</u> (오브젝트는 순서대로 불러올 것)

[처리조건]	[오브젝트]	

① '파란 복어' 오브젝트를 불러오기
  - 이름을 '**복어**'로 변경하기
② '등푸른 물고기' 오브젝트를 불러오기
  - 이름을 '**고등어**'로 변경하기
③ '아기 고래' 오브젝트를 불러오기
  - 이름을 '**고래**'로 변경하기
④ '물고기' 오브젝트를 불러오기
  - 이름 **변경 없음**
※ 기존의 '엔트리봇' 오브젝트는 삭제한다.
	① 파란 복어

		② 등푸른 물고기

	③ 아기 고래 	④ 물고기

유형 2-4

●완성파일 : 유형2-4.ent

> **유의 사항**
> - 각 문제의 정답은 다음과 같은 규칙으로 ENT 파일을 저장하시오.
>   - 저장 위치 : 바탕 화면 > KAIT > 제출파일 폴더
>   - 파일명 : CAT-수검번호-이름.ent
>   ※ 예시 : 수검번호가 CAT-2500-000000이고 수험자 이름이 홍길동인 경우
>   " **CAT-000000-홍길동.ent** "로 저장할 것
> - 수검 시 **지문 순서대로 작업**하며, 오브젝트 및 블록 등을 임의 추가 시 감점 처리됨
> - 【문제 2】는 블록코딩을 원칙으로 하며, 오브젝트 설정 창에서 설정 시 감점 처리됨

【문제 1】 다음 [처리조건]에 따라 배경 및 오브젝트를 설정하시오. (10점)

▶ <u>배경 설정하기</u>

[처리조건]	[배경]
◎ '바다' 배경 불러오기 - 이름 **변경 없음**	바다 

▶ <u>오브젝트 설정하기</u> (오브젝트는 순서대로 불러올 것)

[처리조건]	[오브젝트]	
① '전투함' 오브젝트를 불러오기 - 이름 **변경 없음** ② '해적선(1)' 오브젝트를 불러오기 - 이름을 '**무역선**'으로 변경하기 ③ '해적선(2)' 오브젝트를 불러오기 - 이름 '**유람선**'으로 변경하기 ④ '해적선(4)' 오브젝트를 불러오기 - 이름을 '**해적선**'으로 변경하기 ※ 기존의 '엔트리봇' 오브젝트는 삭제한다.	① 전투함 	② 해적선(1) 
	③ 해적선(2) 	④ 해적선(4) 

● 완성파일 : 유형2-5.ent

유의 사항

- 각 문제의 정답은 다음과 같은 규칙으로 ENT 파일을 저장하시오.
  - 저장 위치 : 바탕 화면 > KAIT > 제출파일 폴더
  - 파일명 : CAT-수검번호-이름.ent
  - ※ 예시 : 수검번호가 CAT-2500-000000이고 수험자 이름이 홍길동인 경우
    " **CAT-000000-홍길동.ent** "로 저장할 것
- 수검 시 **지문 순서대로 작업**하며, 오브젝트 및 블록 등을 임의 추가 시 감점 처리됨
- 【문제 2】는 블록코딩을 원칙으로 하며, 오브젝트 설정 창에서 설정 시 감점 처리됨

【문제 1】 다음 [처리조건]에 따라 배경 및 오브젝트를 설정하시오. (10점)

▶ 배경 설정하기

[처리조건]	[배경]
◎ '들판(3)' 배경 불러오기 - 이름을 **경기장**으로 변경하기	들판(3)

▶ 오브젝트 설정하기 (오브젝트는 순서대로 불러올 것)

[처리조건]	[오브젝트]	

① '축구공' 오브젝트를 불러오기
   - 이름 **변경 없음**
② '걷고있는 사람(2)' 오브젝트를 불러오기
   - 이름을 '**골키퍼**'로 변경하기
③ '소년(3)' 오브젝트를 불러오기
   - 이름을 '**공격수**'로 변경하기
④ '골대(2)' 오브젝트를 불러오기
   - 이름을 '**골대**'로 변경하기
※ 기존의 '엔트리봇' 오브젝트는 삭제한다.
	① 축구공
	
	③ 소년(3)
		② 걷고있는 사람(2)
		
		④ 골대(2)

오브젝트 코딩 (1)

오브젝트의 위치와 크기 등은 반드시 명령 블록을 이용해 설정합니다. 그리고 문제의 [전체블록]에 제시된 블록을 모두 사용해 코딩합니다.

 문제 미리 보기

◉ 준비파일 : 유형분석_03(준비).ent   ◉ 완성파일 : 유형분석_03(완성).ent

【문제 2】 [전체블록]을 모두 사용하여 [처리조건]에 따라 오브젝트를 코딩하시오. (90점)

▶ '두더지' 오브젝트

 '두더지' 오브젝트는 무작위 수 위치에서 1초마다 나타난다.

[처리조건]	[전체블록]
① 시작하기 버튼을 클릭했을 때 　• 모양 숨기기 　• 크기를 '50' 으로 정하기 　• 계속 반복하기 　　- x: '-180 부터 180 사이의 무작위 수' 　　　y: '-80 부터 80 사이의 무작위 수' 　　　위치로 이동하기 　　- '1' 초 기다리기 　　- 모양 보이기 ② 마우스를 클릭했을 때 　• 만일 '뿅망치' 에 닿았는가? 라면 　　- 크기를 '20' 으로 정하기 　　- '으악' 을 '2' 초 동안 '말하기'	

 전체 블록

전체 블록은 오브젝트 코딩에 사용한 모든 블록을 나타냅니다. 따라서 전체 블록에서 제시한 블록 이외에 다른 블록을 사용하면 감점의 대상이 될 수 있습니다.

1 '두더지' 오브젝트 코딩하기 1

1 오브젝트 영역에서 '두더지' 오브젝트를 선택합니다. [시작] 탭의 [시작하기 버튼을 클릭했을 때] 블록을 작업 영역으로 드래그합니다.

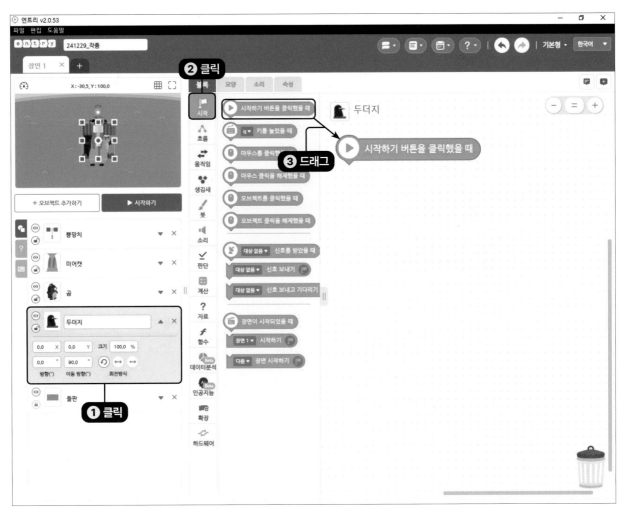

2 [생김새] 탭의 [모양 숨기기] 블록을 연결합니다.

3 [생김새] 탭의 [크기를 100(으)로 정하기] 블록을 연결해 값에 '50'을 입력합니다.

4 [흐름] 탭의 [계속 반복하기] 블록을 연결합니다.

5 [움직임] 탭의 [x: 0 y: 0 위치로 이동하기] 블록을 연결합니다.

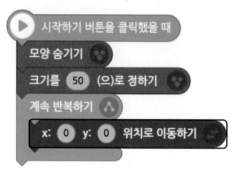

6 x좌표에 [계산] 탭의 [0부터 10 사이의 무작위 수] 블록을 연결한 다음 값에 '-180'과 '180'을 입력합니다.

7 y좌표에 [계산] 탭의 [0부터 10 사이의 무작위 수] 블록을 연결한 다음 값에 '-80'과 '80'을 입력합니다.

8 [흐름] 탭의 [2초 기다리기] 블록을 연결한 다음 값에 '1'을 입력합니다.

9 [생김새] 탭의 [모양 보이기] 블록을 연결합니다.

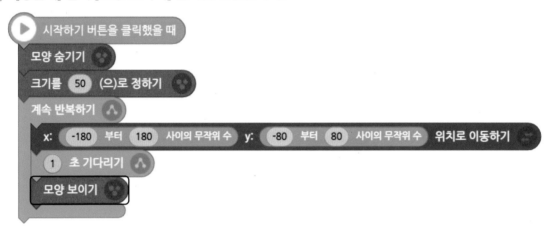

1 오브젝트 영역에서 '두더지' 오브젝트를 선택합니다. [시작] 탭의 [마우스를 클릭했을 때] 블록을 작업 영역 으로 드래그합니다.

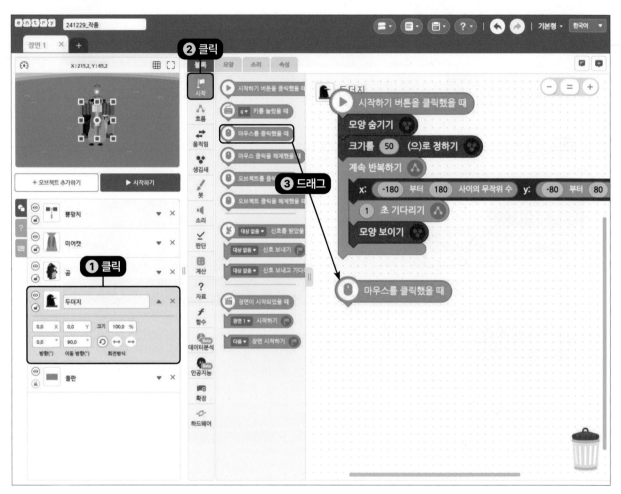

2 [흐름] 탭의 [만일 참 이라면] 블록을 연결합니다.

3 [판단] 탭의 [마우스포인터에 닿았는가?] 블록을 연결한 다음 '마우스포인터'를 클릭해 '뿅망치'를 선택합 니다.

4 [생김새] 탭의 [크기를 100(으)로 정하기] 블록을 연결한 다음 값에 '20'을 입력합니다.

5 [생김새] 탭의 [안녕!을(를) 4초 동안 말하기] 블록을 연결한 다음 값에 '으악'과 '2'를 입력합니다.

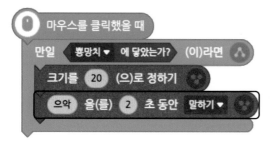

유형익히기

● 완성파일 : 유형3-1.ent

유형 3-1 다음과 같은 [처리 조건]에 따라 오브젝트를 설정하고 코딩하시오.

【문제 1】 다음 [처리조건]에 따라 배경 및 오브젝트를 설정하시오. (10점)

▶ <u>오브젝트 설정하기</u> (오브젝트는 순서대로 불러올 것)

[처리조건]	[오브젝트]
① '나무(2)' 오브젝트를 불러오기 - 이름을 '**나무**'로 변경하기 ※ 기존의 '엔트리봇' 오브젝트는 삭제한다.	① 나무(2)

【문제 2】 [전체블록]을 모두 사용하여 [처리조건]에 따라 오브젝트를 코딩하시오. (90점)

▶ <u>'나무' 오브젝트</u>

 '나무' 오브젝트는 지정된 위치에 나타나 점점 커진다.

[처리조건]	[전체블록]

◎ 시작하기 버튼을 클릭했을 때
  • 크기를 '50' 으로 정하기
  • x: 0 y: -80 위치로 이동하기
  • '50' 번 반복하기
    - 크기를 '3' 만큼 바꾸기
    - y 좌표를 '1' 만큼 바꾸기
    - '0.5' 초 기다리기
	`0 번 반복하기`
	
	`0 초 기다리기`
	
	`x: 0 y: 0 위치로 이동하기`
	
	`y 좌표를 0 만큼 바꾸기`
	
	`▶ 시작하기 버튼을 클릭했을 때`
	
	`크기를 0 (으)로 정하기`
	
	`크기를 0 만큼 바꾸기`

◉ 완성파일 : 유형3-2.ent

유형 3 - 2 다음과 같은 [처리 조건]에 따라 오브젝트를 설정하고 코딩하시오.

【문제 1】 다음 [처리조건]에 따라 배경 및 오브젝트를 설정하시오. (10점)

▶ <u>오브젝트 설정하기</u> (오브젝트는 순서대로 불러올 것)

[처리조건]	[오브젝트]
① '열기구' 오브젝트를 불러오기 - 이름 **변경 없음** ※ 기존의 '엔트리봇' 오브젝트는 삭제한다.	① 열기구

【문제 2】 [전체블록]을 모두 사용하여 [처리조건]에 따라 오브젝트를 코딩하시오. (90점)

▶ <u>'나무' 오브젝트</u>

 '열기구' 오브젝트는 계속해서 화면 아래로 내려가며 '스페이스' 키를 누르면 위로 올라간다.

[처리조건]	[전체블록]

◎ 시작하기 버튼을 클릭했을 때
 • 크기를 '60' 으로 정하기
 • x: 0 y: -100 위치로 이동하기
 • 계속 반복하기
   - y 좌표를 '-1' 만큼 바꾸기
   - 만일 '아래쪽 벽에 닿았는가? 이라면
     └ y 좌표를 '1' 만큼 바꾸기
   - 만일 '스페이스 키를 눌렀는가? 이라면
     └ y 좌표를 '3' 만큼 바꾸기

●완성파일 : 유형3-3.ent

유형 3 - 3 다음과 같은 [처리 조건]에 따라 오브젝트를 설정하고 코딩하시오.

【문제 1】 다음 [처리조건]에 따라 배경 및 오브젝트를 설정하시오. (10점)

▶ <u>오브젝트 설정하기</u> (오브젝트는 순서대로 불러올 것)

[처리조건]	[오브젝트]
① '[묶음] 손 흔드는 원주민' 오브젝트를 불러오기 　- 이름을 '**원주민**'으로 변경하기 ※ 기존의 '엔트리봇' 오브젝트는 삭제한다.	① [묶음] 손 흔드는 원주민 

【문제 2】 [전체블록]을 모두 사용하여 [처리조건]에 따라 오브젝트를 코딩하시오. (90점)

▶ '원주민' 오브젝트

 '원주민' 오브젝트는 계속해서 손을 흔든다.

[처리조건]	[전체블록]
◎ 시작하기 버튼을 클릭했을 때 　• 크기를 '80' 으로 정하기 　• x: '20' y: '-30' 위치로 이동하기 　• 계속 반복하기 　　- '3' 번 반복하기 　　　└ '다음' 모양으로 바꾸기 　　- '3' 번 반복하기 　　　└ '이전' 모양으로 바꾸기	

● 완성파일 : 유형3-4.ent

유형 3 - 4 다음과 같은 [처리 조건]에 따라 오브젝트를 설정하고 코딩하시오.

【문제 1】 다음 [처리조건]에 따라 배경 및 오브젝트를 설정하시오. (10점)

▶ <u>오브젝트 설정하기</u> (오브젝트는 순서대로 불러올 것)

[처리조건]	[오브젝트]
① '소놀 자전거 타는 사람' 오브젝트를 불러오기 - 이름을 **'자전거'**로 변경하기 ※ 기존의 '엔트리봇' 오브젝트는 삭제한다.	① 소놀 자전거 타는 사람 

【문제 2】 [전체블록]을 모두 사용하여 [처리조건]에 따라 오브젝트를 코딩하시오. (90점)

▶ '자전거' 오브젝트

 '자전거' 오브젝트는 지정된 위치에 나타나 오른쪽 벽과 왼쪽 벽에 닿을 때까지 반복해서 움직인다.

[처리조건]	[전체블록]

◎ 오브젝트를 클릭했을 때
  • x: '-100' y: '-60' 위치로 이동하기
  • 계속 반복하기
    - 이동 방향으로 '2' 만큼 움직이기
    - '다음' 모양으로 바꾸기
    - '0.5' 초 기다리기
    - 만일 '벽'에 닿았는가? 라면
      └ 방향을 '180°' 만큼 회전하기
      └ 이동 방향으로 '5' 만큼 움직이기
      └ 상하 모양 뒤집기

오브젝트 코딩 (2)

오브젝트 영역에서 크기와 위치 등을 바꾸는 경우 감점의 대상이 될 수 있습니다. 따라서 오브젝트의 위치와 크기 등은 반드시 명령 블록을 이용해 설정합니다. 문제에 제시된 전체블록은 오브젝트 코딩에 필요한 블록으로 모두 사용해 코딩합니다.

 문제 미리 보기

● 준비파일 : 유형분석_04(준비).ent   ● 완성파일 : 유형분석_04(완성).ent

【문제 2】 [전체블록]을 모두 사용하여 [처리조건]에 따라 오브젝트를 코딩하시오. (90점)

▶ '곰' 오브젝트

 '곰' 오브젝트는 무작위 수 위치에서 1초마다 나타난다.

[처리조건]	[전체블록]
◎ 시작하기 버튼을 클릭했을 때 　• 모양 숨기기 　• 크기를 '60' 으로 정하기 　• 계속 반복하기 　　- x: '-200 부터 200 사이의 무작위 수' 　　　y: '-100 부터 100 사이의 무작위 수' 　　　위치로 이동하기 　　- '1' 초 기다리기 　　- 모양 보이기	

 블록의 사용

문제에 제시된 블록은 반복해서 여러 번 사용해도 되지만, 문제에 제시되지 않은 블록을 사용하면 감점의 대상이 될 수 있습니다.

1 오브젝트 영역에서 '곰' 오브젝트를 선택한 다음 [시작] 탭의 [시작하기 버튼을 클릭했을 때] 블록을 드래그 합니다.

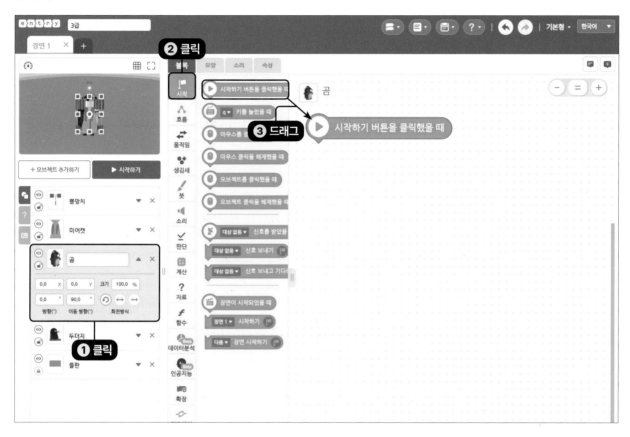

2 [생김새] 탭의 [모양 숨기기] 블록을 연결하고 [크기를 100(으)로 정하기] 블록을 연결한 다음 값에 '60'을 입력합니다.

3 [흐름] 탭의 [계속 반복하기] 블록을 연결합니다.

4 [움직임] 탭의 [x: 0 y: 0 위치로 이동하기] 블록을 연결합니다.

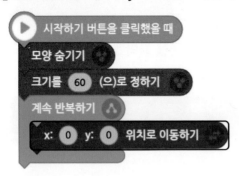

5 x좌표에 [계산] 탭의 [0부터 10 사이의 무작위 수] 블록을 연결한 다음 값에 '-200'과 '200'을 입력합니다.

6 y좌표에 [계산] 탭의 [0부터 10 사이의 무작위 수] 블록을 연결한 다음 값에 '-100'과 '100'을 입력합니다.

7 [흐름] 탭의 [2초 기다리기] 블록을 연결한 다음 값에 '1'을 입력합니다.

8 [생김새] 탭의 [모양 보이기] 블록을 연결합니다.

유형익히기

● 완성파일 : 유형4-1.ent

유형 4-1 다음과 같은 [처리 조건]에 따라 오브젝트를 설정하고 코딩하시오.

> **유의사항**
> • 각 문제의 정답은 다음과 같은 규칙으로 ENT 파일을 저장하시오.
> - 저장 위치 : 바탕 화면 > KAIT > 제출파일 폴더
> - 파일명 : CAT-수검번호-이름.ent
> ※ 예시 : 수검번호가 CAT-2500-000000이고 수험자 이름이 홍길동인 경우
>   " **CAT-000000-홍길동.ent** "로 저장할 것
> • 수검 시 **지문 순서대로 작업**하며, 오브젝트 및 블록 등을 임의 추가 시 감점 처리됨
> • 【문제 2】는 블록코딩을 원칙으로 하며, 오브젝트 설정 창에서 설정 시 감점 처리됨

【문제 1】 다음 [처리조건]에 따라 배경 및 오브젝트를 설정하시오. (10점)

▶ **배경 설정하기**

[처리조건]	[배경]
◎ '노을 무덤' 배경 불러오기 - 이름 **변경 없음**	노을 무덤 

▶ **오브젝트 설정하기** (오브젝트는 순서대로 불러올 것)

[처리조건]	[오브젝트]	
① '유령' 오브젝트를 불러오기 - 이름 **변경 없음** ② '번개 (2)' 오브젝트를 불러오기 - 이름을 '**번개**'로 변경하기 ※ 기존의 '엔트리봇' 오브젝트는 삭제한다.	① 유령 	② 번개 (2)

【문제 2】 [전체블록]을 모두 사용하여 [처리조건]에 따라 오브젝트를 코딩하시오. (90점)

▶ '유령' 오브젝트

 '유령' 오브젝트는 무작위 위치에 나타났다 숨기를 반복한다.

[처리조건]	[전체블록]
◎ 시작하기 버튼을 클릭했을 때 　• 계속 반복하기 　　- 크기를 '20' 부터 '50' 사이의 무작위 수로 정하기 　　- x: '-150' 부터 '150' 사이의 무작위 수 　　　y: '-70'부터 '70' 사이의 무작위 수 　　　위치로 이동하기 　　- '3' 초 기다리기	

▶ '번개' 오브젝트

 '번개' 오브젝트는 무작위 위치에 나타났다 크기를 키우는 것을 반복한다.

[처리조건]	[전체블록]
◎ 시작하기 버튼을 클릭했을 때 　• 계속 반복하기 　- 크기를 '20' 부터 '50' 사이의 무작위 수로 정하기 　　- x: '-150' 부터 '150' 사이의 무작위 수 　　　y: '-70'부터 '70' 사이의 무작위 수 　　　위치로 이동하기 　　- '10' 번 반복하기 　　　└ 크기를 '2' 만큼 바꾸기	

● 완성파일 : 유형4-2.ent

유형 4-2 다음과 같은 [처리 조건]에 따라 오브젝트를 설정하고 코딩하시오.

유의 사항
- 각 문제의 정답은 다음과 같은 규칙으로 ENT 파일을 저장하시오.
  - 저장 위치 : 바탕 화면 > KAIT > 제출파일 폴더
  - 파일명 : CAT-수검번호-이름.ent
    ※ 예시 : 수검번호가 CAT-2500-000000이고 수험자 이름이 홍길동인 경우
    " **CAT-000000-홍길동.ent** "로 저장할 것
- 수검 시 **지문 순서대로 작업**하며, 오브젝트 및 블록 등을 임의 추가 시 감점 처리됨
- 【문제 2】는 블록코딩을 원칙으로 하며, 오브젝트 설정 창에서 설정 시 감점 처리됨

【문제 1】 다음 [처리조건]에 따라 배경 및 오브젝트를 설정하시오. (10점)

▶ 배경 설정하기

[처리조건]	[배경]
◎ '우주(2)' 배경 불러오기 - 이름을 '**우주**'로 변경하기	우주(2)

▶ 오브젝트 설정하기 (오브젝트는 순서대로 불러올 것)

[처리조건]	[오브젝트]	

① '빛나는 효과' 오브젝트를 불러오기
  - 이름을 '**조명**'으로 변경하기
② '주사위' 오브젝트를 불러오기
  - 이름 **변경 없음**
※ 기존의 '엔트리봇' 오브젝트는 삭제한다.
	① 빛나는 효과
	
		② 주사위

【문제 2】 [전체블록]을 모두 사용하여 [처리조건]에 따라 오브젝트를 코딩하시오. (90점)

▶ '조명' 오브젝트

 '조명' 오브젝트는 색깔을 바꾸면서 회전한다.

[처리조건]	[전체블록]
◎ 시작하기 버튼을 클릭했을 때 • 크기를 '150'으로 정하기 • 계속 반복하기 　- '색깔' 효과를 '1'부터 '100' 사이의 무작위 수로 　　정하기 　- 방향을 '3°' 만큼 회전하기	

▶ '주사위' 오브젝트

 '주사위' 오브젝트는 '스페이스' 키를 누르면 모양을 바꾼다.

[처리조건]	[전체블록]
◎ 시작하기 버튼을 클릭했을 때 • 맨 앞으로 보내기 • 계속 반복하기 　- 만일 '스페이스' 키가 눌러져 있는가? 라면 　　└ '50'부터 '100' 사이의 무작위 수 번 반복하기 　　　> 다음 모양으로 바꾸기	

● 완성파일 : 유형4-3.ent

유형 4-3 다음과 같은 [처리 조건]에 따라 오브젝트를 설정하고 코딩하시오.

> 유의
> 사항
>
> • 각 문제의 정답은 다음과 같은 규칙으로 ENT 파일을 저장하시오.
>   - 저장 위치 : 바탕 화면 > KAIT > 제출파일 폴더
>   - 파일명 : CAT-수검번호-이름.ent
>   ※ 예시 : 수검번호가 CAT-2500-000000이고 수험자 이름이 홍길동인 경우
>   " **CAT-000000-홍길동.ent** "로 저장할 것
> • 수검 시 **지문 순서대로 작업**하며, 오브젝트 및 블록 등을 임의 추가 시 감점 처리됨
> • 【문제 2】는 블록코딩을 원칙으로 하며, 오브젝트 설정 창에서 설정 시 감점 처리됨

【문제 1】 다음 [처리조건]에 따라 배경 및 오브젝트를 설정하시오. (10점)

▶ 배경 설정하기

[처리조건]	[배경]
◎ '별 헤는 밤' 배경 불러오기 - 이름을 '**하늘**'로 변경하기	별 헤는 밤 

▶ 오브젝트 설정하기 (오브젝트는 순서대로 불러올 것)

[처리조건]	[오브젝트]	
① '열기구' 오브젝트를 불러오기 - 이름 **변경 없음** ② [묶음] 새' 오브젝트를 불러오기 - 이름을 '**새**'로 변경하기 ※ 기존의 '엔트리봇' 오브젝트는 삭제한다.	① 열기구 	② [묶음] 새

【문제 2】 [전체블록]을 모두 사용하여 [처리조건]에 따라 오브젝트를 코딩하시오. (90점)

▶ **'열기구' 오브젝트**

　　　　　　　'열기구' 오브젝트는 '위쪽, 아래쪽' 화살표 키를 눌러 위/아래로 이동한다.

[처리조건]	[전체블록]
◎ 시작하기 버튼을 클릭했을 때 　• 크기를 '90' 으로 정하기 　• x: '-50' y: '0' 위치로 이동하기 　• 계속 반복하기 　　- 만일 '위쪽 화살표' 키가 눌러져 있는가? 라면 　　　└ y 좌표를 '2' 만큼 바꾸기 　　- 만일 '아래쪽 화살표' 키가 눌러져 있는가? 라면 　　　└ y 좌표를 '-2' 만큼 바꾸기	

▶ **'새' 오브젝트**

　　　　　　　'새' 오브젝트는 화면 오른쪽에서 나타나 왼쪽으로 이동한다.

[처리조건]	[전체블록]
① 시작하기 버튼을 클릭했을 때 　• 크기를 '70' 으로 정하기 　• 계속 반복하기 　　- x: '240' y: '-100'부터 '100' 사이의 무작위 수 　　　위치로 이동하기 　　- '5'초 동안 x: '-240' y: '-100'부터 '100' 사이의 　　　무작위 수 위치로 이동하기 ② 시작하기 버튼을 클릭했을 때 　• 계속 반복하기 　　- '다음' 모양으로 바꾸기 　　- '0.1' 초 기다리기	

● 완성파일 : 유형4-4.ent

유형 4-4 다음과 같은 [처리 조건]에 따라 오브젝트를 설정하고 코딩하시오.

유의 사항
- 각 문제의 정답은 다음과 같은 규칙으로 ENT 파일을 저장하시오.
  - 저장 위치 : 바탕 화면 > KAIT > 제출파일 폴더
  - 파일명 : CAT-수검번호-이름.ent
    ※ 예시 : 수검번호가 CAT-2500-000000이고 수험자 이름이 홍길동인 경우
    " **CAT-000000-홍길동.ent** "로 저장할 것
- 수검 시 **지문 순서대로 작업**하며, 오브젝트 및 블록 등을 임의 추가 시 감점 처리됨
- 【문제 2】는 블록코딩을 원칙으로 하며, 오브젝트 설정 창에서 설정 시 감점 처리됨

【문제 1】 다음 [처리조건]에 따라 배경 및 오브젝트를 설정하시오. (10점)

▶ 배경 설정하기

[처리조건]	[배경]
◎ '들판(4)' 배경 불러오기 - 이름을 '**들판**'으로 변경하기	들판(4)

▶ **오브젝트 설정하기** (오브젝트는 순서대로 불러올 것)

[처리조건]	[오브젝트]	
① '걷고있는 사람(1)' 오브젝트를 불러오기 - 이름을 '**소녀**'로 변경하기 ② '걷고있는 사람(2)' 오브젝트를 불러오기 - 이름을 '**소년**'으로 변경하기 ※ 기존의 '엔트리봇' 오브젝트는 삭제한다.	① 걷고있는 사람(1) 	② 걷고있는 사람(2)

【문제 2】 [전체블록]을 모두 사용하여 [처리조건]에 따라 오브젝트를 코딩하시오. (90점)

▶ '소녀' 오브젝트

'소녀' 오브젝트는 왼쪽에서 오른쪽으로 이동한다.

[처리조건]	[전체블록]

◎ 시작하기 버튼을 클릭했을 때
• 크기를 '50'으로 정하기
• x: '-210' y: '-50' 위치로 이동하기
• '오른쪽 벽'에 닿았는가? 이 될 때까지 반복하기
  - 이동 방향으로 '1'부터 3' 사이의 무작위 수 만큼 움직이기
  - '다음' 모양으로 바꾸기

▶ '소년' 오브젝트

'소년' 오브젝트는 스페이스 키를 누를 때마다 왼쪽에서 오른쪽으로 이동한다.

[처리조건]	[전체블록]

◎ 시작하기 버튼을 클릭했을 때
• 크기를 '50'으로 정하기
• x: '-210' y: '50' 위치로 이동하기
• '오른쪽 벽'에 닿았는가? 이 될 때까지 반복하기
  - '스페이스' 키가 눌러져 있는가? 이 될 때까지 기다리기
  - 이동 방향으로 '1'부터 '3' 사이의 무작위 수 만큼 움직이기
  - '다음' 모양으로 바꾸기
	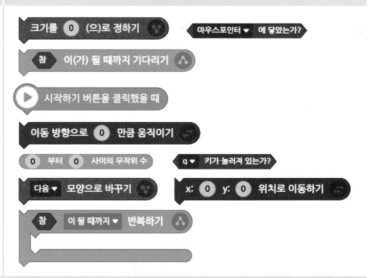

오브젝트 코딩 (3)

문제에 제시된 전체 블록은 반드시 한 번 이상 사용해야 하며, 여러 번 사용해도 됩니다.
코딩을 완료한 후에는 사용하지 않은 블록이 있는지 확인하는 것이 좋습니다.

 문제 미리 보기

◉ 준비파일 : 유형분석_05(준비).ent ◉ 완성파일 : 유형분석_05(완성).ent

【문제 2】 [전체블록]을 모두 사용하여 [처리조건]에 따라 오브젝트를 코딩하시오. (90점)

▶ '미어캣' 오브젝트

 '미어캣' 오브젝트는 무작위 수 위치에서 '1'초마다 나타난다.

[처리조건]	[전체블록]

◎ 시작하기 버튼을 클릭했을 때
• 모양 숨기기
• 크기를 '40' 으로 정하기
• 계속 반복하기
 - x: '-200 부터 200 사이의 무작위 수'
   y: '-100 부터 100 사이의 무작위 수'
   위치로 이동하기
 - '1' 초 기다리기
 - 모양 보이기
	▶ 시작하기 버튼을 클릭했을 때
	모양 보이기
	계속 반복하기
	모양 숨기기
	x: 0 y: 0 위치로 이동하기
	0 부터 0 사이의 무작위 수
	0 초 기다리기
	크기를 0 (으)로 정하기

 명령 블록의 차이

엔트리 오프라인과 온라인 버전에서 일부 명령 블록의 이름이 다를 수 있습니다.

예] 말하기 지우기   말풍선 지우기

[오프라인 버전]   [온라인 버전]

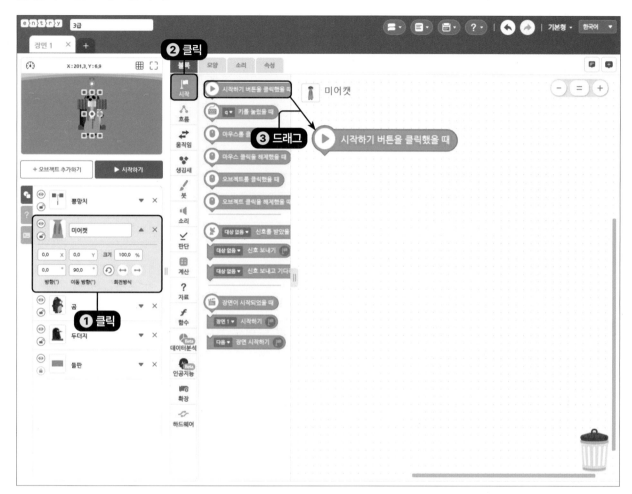

1 '미어캣' 오브젝트 코딩하기

1 오브젝트 영역에서 '미어캣' 오브젝트를 선택한 다음 [시작] 탭의 [시작하기 버튼을 클릭했을 때] 블록을 작업 영역으로 드래그합니다.

2 [생김새] 탭의 [모양 숨기기] 블록을 연결합니다.

3 [크기를 100 (으)로 정하기] 블록을 연결한 다음 값에 '40'을 입력합니다.

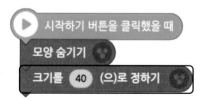

4 [흐름] 탭의 [계속 반복하기] 블록을 연결합니다.

5 [움직임] 탭의 [x: 0 y: 0 위치로 이동하기] 블록을 연결합니다.

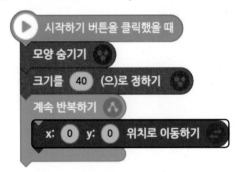

6 x좌표에 [계산] 탭의 [0부터 10 사이의 무작위 수] 블록을 연결한 다음 값에 '-200'과 '200'을 입력합니다.

7 y좌표에 [계산] 탭의 [0부터 10 사이의 무작위 수] 블록을 연결한 다음 값에 '-100'과 '100'을 입력합니다.

8 [흐름] 탭의 [2초 기다리기] 블록을 연결한 다음 값에 '1'을 입력합니다.

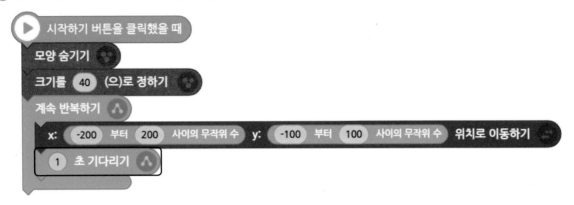

9 [생김새] 탭의 [모양 보이기] 블록을 연결합니다.

유 형 익 히 기

● 완성파일 : 유형5-1.ent

유형 5-1 다음과 같은 [처리 조건]에 따라 오브젝트를 설정하고 코딩하시오.

유의 사항
- 각 문제의 정답은 다음과 같은 규칙으로 ENT 파일을 저장하시오.
  - 저장 위치 : 바탕 화면 > KAIT > 제출파일 폴더
  - 파일명 : CAT-수검번호-이름.ent
    ※ 예시 : 수검번호가 CAT-2500-000000이고 수험자 이름이 홍길동인 경우
    " **CAT-000000-홍길동.ent** "로 저장할 것
- 수검 시 **지문 순서대로 작업**하며, 오브젝트 및 블록 등을 임의 추가 시 감점 처리됨
- 【문제 2】는 블록코딩을 원칙으로 하며, 오브젝트 설정 창에서 설정 시 감점 처리됨

【문제 1】 다음 [처리조건]에 따라 배경 및 오브젝트를 설정하시오. (10점)

▶ 배경 설정하기

[처리조건]	[배경]
◎ '미래 도시' 배경 불러오기 - 이름을 '**도시**'로 변경하기	미래 도시

▶ 오브젝트 설정하기 (오브젝트는 순서대로 불러올 것)

[처리조건]	[오브젝트]	
① '나무(2)' 오브젝트를 불러오기 - 이름을 '**나무**'로 변경하기 ② '바위(2)' 오브젝트를 불러오기 - 이름을 '**바위**'로 변경하기 ③ '먹구름(1)' 오브젝트를 불러오기 - 이름을 '**구름**'으로 변경하기 ④ '빨간 자동차' 오브젝트를 불러오기 - 이름을 '**자동차**'로 변경하기 ※ 기존의 '엔트리봇' 오브젝트는 삭제한다.	① 나무 ③ 먹구름(1)	② 바위(2)  ④ 빨간 자동차

【문제 2】 [전체블록]을 모두 사용하여 [처리조건]에 따라 오브젝트를 코딩하시오. (90점)

▶ '나무' 오브젝트

  '나무' 오브젝트는 화면 오른쪽에서 나타나 왼쪽으로 이동한다.

[처리조건]	[전체블록]

◎ 시작하기 버튼을 클릭했을 때
• 크기를 '80' 으로 정하기
• x: '230' y: '-60' 위치로 이동하기
• 계속 반복하기
  - '왼쪽 벽'에 닿았는가? 될 때까지 반복하기
    └ x 좌표를 '-2'만큼' 바꾸기
  - x: '230' y: '-60' 위치로 이동하기
	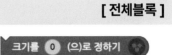 크기를 ⓪ (으)로 정하기
	
	x 좌표를 ⓪ 만큼 바꾸기
	
	계속 반복하기 ⌃
	
	마우스포인터 ▾ 에 닿았는가?
	
	x: ⓪ y: ⓪ 위치로 이동하기
	
	▶ 시작하기 버튼을 클릭했을 때
	
	참 이 될 때까지 ▾ 반복하기 ⌃

▶ '바위' 오브젝트

  '바위' 오브젝트는 화면 오른쪽 아래에서 나타나 왼쪽으로 이동한다.

[처리조건]	[전체블록]

◎ 시작하기 버튼을 클릭했을 때
• 크기를 '40' 으로 정하기
• x: '230' y: '-100' 위치로 이동하기
• 계속 반복하기
  - x 좌표를 '-2'만큼' 바꾸기
  - 만일 '왼쪽 벽'에 닿았는가? 라면
    └ 모양 숨기기
    └ x: '230' y: '-100' 위치로 이동하기
    └ '2'초 기다리기
    └ 모양 보이기
	크기를 ⓪ (으)로 정하기
	
	x: ⓪ y: ⓪ 위치로 이동하기
	
	마우스포인터 ▾ 에 닿았는가?
	
	x: ⓪ y: ⓪ 위치로 이동하기
	
	▶ 시작하기 버튼을 클릭했을 때
	
	계속 반복하기 ⌃ 만일 참 (이)라면 ⌃
	
	모양 숨기기 ⓪ 초 기다리기 ⌃
	
	모양 보이기 x 좌표를 ⓪ 만큼 바꾸기

▶ '구름' 오브젝트

 '구름' 오브젝트는 화면 왼쪽에서 나타나 오른쪽으로 이동한다.

[처리조건]	[전체블록]
◎ 시작하기 버튼을 클릭했을 때 　• 크기를 '70' 으로 정하기 　• x: '-230' y: '100' 위치로 이동하기 　• 계속 반복하기 　　- x 좌표를 '1'만큼' 바꾸기 　　- 만일 '오른쪽 벽'에 닿았는가? 라면 　　　└ x: '-230' y: '100' 위치로 이동하기	시작하기 버튼을 클릭했을 때 x: 0 y: 0 위치로 이동하기 x 좌표를 0 만큼 바꾸기 만일 　참　 (이)라면　　계속 반복하기 크기를 0 (으)로 정하기 마우스포인터 ▾ 에 닿았는가?

▶ '자동차' 오브젝트

 '자동차' 오브젝트는 지정된 위치에 나타나 반복해서 위아래로 '2'만큼 움직인다.

[처리조건]	[전체블록]
◎ 시작하기 버튼을 클릭했을 때 　• 크기를 '80' 으로 정하기 　• x: '-50' y: '-90' 위치로 이동하기 　• '맨 앞으로' 보내기 　• 계속 반복하기 　　- y 좌표를 '2'만큼' 바꾸기 　　- '0.1'초 기다리기 　　- y 좌표를 '-2'만큼' 바꾸기 　　- '0.1'초 기다리기	시작하기 버튼을 클릭했을 때 크기를 0 (으)로 정하기 x: 0 y: 0 위치로 이동하기 계속 반복하기 0 초 기다리기 y 좌표를 10 만큼 바꾸기 맨 앞으로 ▾ 보내기

● 완성파일 : 유형5-2.ent

유형 5-2 다음과 같은 [처리 조건]에 따라 오브젝트를 설정하고 코딩하시오.

유의 사항
- 각 문제의 정답은 다음과 같은 규칙으로 ENT 파일을 저장하시오.
  - 저장 위치 : 바탕 화면 > KAIT > 제출파일 폴더
  - 파일명 : CAT-수검번호-이름.ent
    ※ 예시 : 수검번호가 CAT-2500-000000이고 수험자 이름이 홍길동인 경우
      " **CAT-000000-홍길동.ent** "로 저장할 것
- 수검 시 **지문 순서대로 작업**하며, 오브젝트 및 블록 등을 임의 추가 시 감점 처리됨
- 【문제 2】는 블록코딩을 원칙으로 하며, 오브젝트 설정 창에서 설정 시 감점 처리됨

【문제 1】 다음 [처리조건]에 따라 배경 및 오브젝트를 설정하시오. (10점)

▶ **배경 설정하기**

[처리조건]	[배경]
◎ '꽃밭(1)' 배경 불러오기 - 이름을 '**꽃밭**'으로 변경하기	꽃밭(1)

▶ <u>**오브젝트 설정하기**</u> (오브젝트는 순서대로 불러올 것)

[처리조건]	[오브젝트]	
① '나비(2)' 오브젝트를 불러오기 - 이름을 '**나비**'로 변경하기 ② '매미' 오브젝트를 불러오기 - 이름 **변경 없음** ③ '[묶음] 새' 오브젝트를 불러오기 - 이름을 '**새**'로 변경하기 ④ '돋보기' 오브젝트를 불러오기 - 이름 **변경 없음** ※ 기존의 '엔트리봇' 오브젝트는 삭제한다.	① 나비(2)	② 매미
	③ [묶음] 새	④ 돋보기

【문제 2】 [전체블록]을 모두 사용하여 [처리조건]에 따라 오브젝트를 코딩하시오. (90점)

▶ '나비' 오브젝트

 '나비' 오브젝트는 무작위 수 위치에서 '2~3'초마다 나타난다.

[처리조건]	[전체블록]

◎ 시작하기 버튼을 클릭했을 때
• 모양 숨기기
• 크기를 '30' 으로 정하기
• 계속 반복하기
  - '2'초 기다리기
  - x: '-210' 부터 '210' 사이의 무작위 수
    y: '-100' 부터 '100' 사이의 무작위 수
    위치로 이동하기
  - 모양 보이기
  - '2' 부터 '3' 사이의 무작위 수 초 기다리기
  - 모양 숨기기

▶ '매미' 오브젝트

 '매미' 오브젝트는 무작위 수 위치에서 '2'초마다 나타난다.

[처리조건]	[전체블록]

◎ 시작하기 버튼을 클릭했을 때
• 모양 숨기기
• 크기를 '30' 으로 정하기
• 계속 반복하기
  - '2'초 기다리기
  - x: '-210' 부터 '210' 사이의 무작위 수
    y: '-100' 부터 '100' 사이의 무작위 수
    위치로 이동하기
  - '2'초 기다리기
  - 모양 보이기	

▶ '새' 오브젝트

 '새' 오브젝트는 화면 오른쪽에서 나타나 왼쪽으로 움직인다.

[처리조건]	[전체블록]

① 시작하기 버튼을 클릭했을 때
 • 크기를 '90' 으로 정하기
 • 계속 반복하기
  - '다음' 모양으로 바꾸기
  - '0.1'초 기다리기
① 시작하기 버튼을 클릭했을 때
 • 크기를 '90' 으로 정하기
 • 계속 반복하기
  - x: '230' y: '80' 위치로 이동하기
  - '5'초 동안 x: '-230' y: '80' 위치로 이동하기

▶ '돋보기' 오브젝트

 '돋보기' 오브젝트는 항상 마우스포인터를 따라다닌다.

[처리조건]	[전체블록]
◎ 시작하기 버튼을 클릭했을 때 • 크기를 '80' 으로 정하기 • 계속 반복하기 - '마우스포인터' 위치로 이동하기	 

오브젝트 코딩 (4)

제시된 처리조건에 맞춰 코딩하는 동안 (ㄱ) , (ㄴ) , (ㄷ) 과 같은 괄호는 오브젝트 설명에 제시된 값을 확인한 후 알맞은 값을 입력합니다.

 문제 미리 보기

◉ 준비파일 : 유형분석_06(준비).ent ◉ 완성파일 : 유형분석_06(완성).ent

▶ '뽕망치' 오브젝트

 '뽕망치' 오브젝트는 '두더지' 오브젝트의 크기가 '20'으로 작아지면 색깔을 바꾸고, '두더지 잡기 성공~!'이라고 말한다.

[처리조건]	[전체블록]

◎ 시작하기 버튼을 클릭했을 때
- 크기를 '70' 으로 정하기
- 계속 반복하기
  - '마우스포인터' 위치로 이동하기
② 마우스를 클릭했을 때
- '0.1' 초 동안 방향을 '-90°' 만큼 회전하기
- '0.1' 초 기다리기
- '0.1' 초 동안 방향을 '90°' 만큼 회전하기
- 만일 '곰' 에 닿았는가? 라면
  - '미안!' 을 '0.5' 초 동안 '말하기'
- 만일 '미어캣' 에 닿았는가? 라면
  - '미안!' 을 '0.5' 초 동안 '말하기'
- '두더지' 의 '크기' = ' (ㄱ) ' 이 될 때까지 기다리기
- '다른 오브젝트의' 코드 멈추기
- '2' 초 기다리기
- '색깔' 효과를 '40' 으로 정하기
- '두더지 잡기 성공~!' 을 '2' 초 동안 '말하기'

 (ㄱ), (ㄴ), (ㄷ)의 값이 음수가 되는 경우

오브젝트를 왼쪽, 아래쪽으로 이동하거나, 크기를 작게 바꿀 때는 ' (ㄱ) ', ' (ㄴ) ', ' (ㄷ) '의 값 앞에 '음수(-)' 기호를 붙입니다.

1 '뽕망치' 오브젝트 코딩하기 1

1 오브젝트 영역에서 '뽕망치' 오브젝트를 선택한 다음 [시작] 탭의 [시작하기 버튼을 클릭했을 때] 블록을 작업 영역으로 드래그합니다.

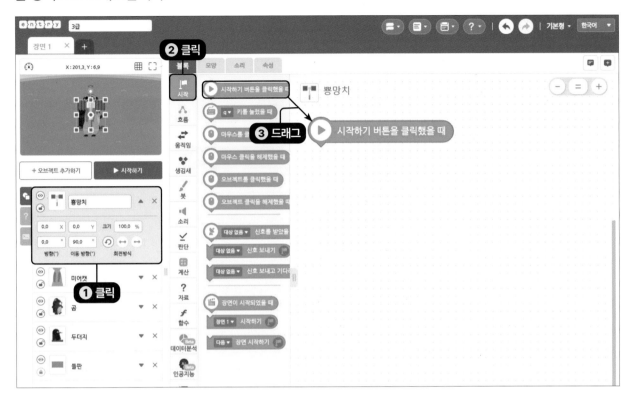

2 [생김새] 탭의 [크기를 100(으)로 정하기] 블록을 연결한 다음 값에 '70'을 입력합니다. [흐름] 탭의 [계속 반복하기] 블록을 연결합니다.

3 [움직임] 탭의 [뽕망치 위치로 이동하기] 블록을 연결합니다. '뽕망치'를 클릭해 '마우스포인터'를 선택합니다.

2 '뿅망치' 오브젝트 코딩하기 2

1 [시작] 탭의 [마우스를 클릭했을 때] 블록을 작업 영역으로 드래그합니다.

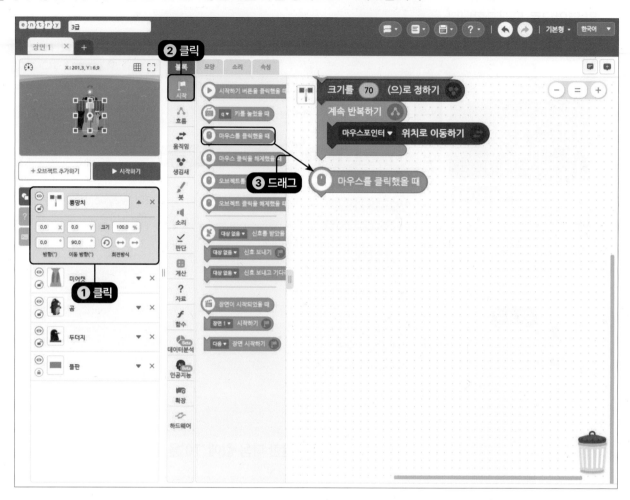

2 [움직임] 탭의 [2초 동안 방향을 90° 만큼 회전하기] 블록을 연결한 다음 값에 '0.1'과 '-90'을 입력합니다.

3 [흐름] 탭의 [2초 기다리기] 블록을 연결한 다음 값에 '0.1'을 입력합니다.

4 [움직임] 탭의 [2초 동안 방향을 90° 만큼 회전하기] 블록을 연결한 다음 값에 '0.1'을 입력합니다.

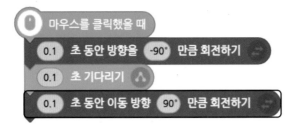

5 [흐름] 탭의 [만일 참(이)라면] 블록을 연결합니다.

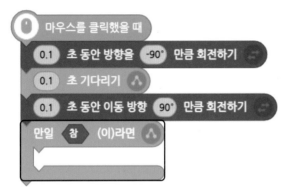

6 [판단] 탭의 [마우스포인터에 닿았는가?] 블록을 연결한 다음 '마우스포인터'를 클릭해 '곰'을 선택합니다.

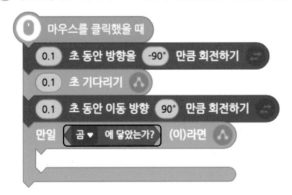

7 [생김새] 탭의 [안녕!을(를) 4초 동안 말하기] 블록을 연결한 다음 값에 '미안!'과 '0.5'를 입력합니다.

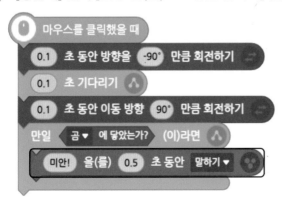

8 [흐름] 탭의 [만일 참(이)라면] 블록을 연결합니다.

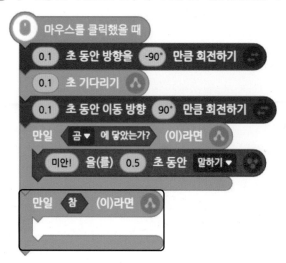

9 [판단] 탭의 [마우스포인터에 닿았는가?] 블록을 연결한 다음 '마우스포인터'를 클릭해 '미어캣'을 선택합니다.

10 [생김새] 탭의 [안녕!을(를) 4초 동안 말하기] 블록을 연결한 다음 값에 '미안!'과 '0.5'를 입력합니다.

11 [흐름] 탭의 [참 이(가) 될 때까지 기다리기] 블록을 연결합니다.

12 [판단] 탭의 [10 = 10] 블록을 연결합니다.

13 [계산] 탭의 [뽕망치의 x 좌푯값] 블록을 연결한 다음 '뽕망치'를 클릭해 '두더지'를 선택합니다. 그리고 'x 좌푯값'을 클릭해 '크기'를 선택합니다.

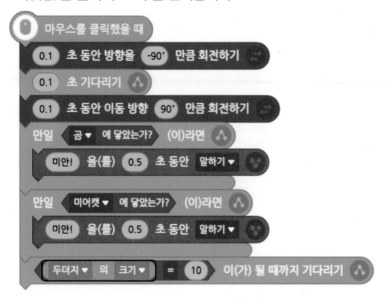

14 [판단] 탭의 오른쪽 값에 '20'을 입력합니다.

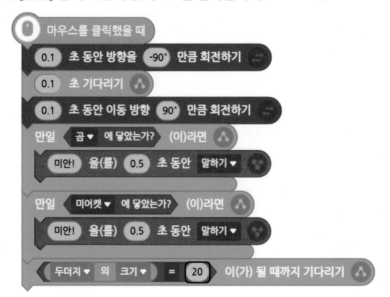

15 [흐름] 탭의 [모든 코드 멈추기] 블록을 연결한 다음 '모든'을 클릭해 '다른 오브젝트의'를 선택합니다.

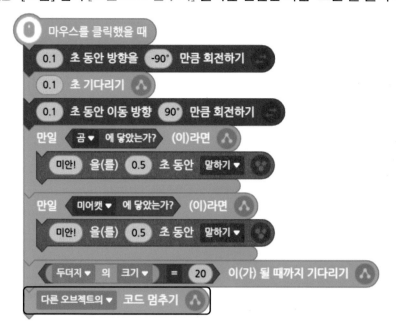

16 [흐름] 탭의 [2초 기다리기] 블록을 연결합니다.

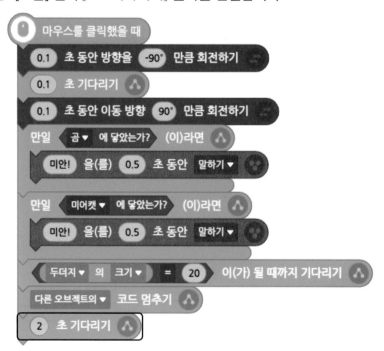

17 [생김새] 탭의 [색깔 효과를 100(으)로 정하기] 블록을 연결한 다음 값에 '40'을 입력합니다.

18 [안녕!을(를) 4초 동안 말하기] 블록을 연결한 다음 값에 '두더지 잡기 성공~!'과 '2'를 입력합니다.

19 [파일]-[저장하기]를 클릭해 파일로 저장합니다. 탐색기를 실행해 파일이 저장되었는지 확인합니다.

○완성파일 : 유형6-1.ent

유형 6-1 다음과 같은 [처리 조건]에 따라 오브젝트를 설정하고 코딩하시오.

유의 사항
- 각 문제의 정답은 다음과 같은 규칙으로 ENT 파일을 저장하시오.
  - 저장 위치 : 바탕 화면 > KAIT > 제출파일 폴더
  - 파일명 : CAT-수검번호-이름.ent
    ※ 예시 : 수검번호가 CAT-2500-000000이고 수험자 이름이 홍길동인 경우
    " **CAT-000000-홍길동.ent** "로 저장할 것
- 수검 시 **지문 순서대로 작업**하며, 오브젝트 및 블록 등을 임의 추가 시 감점 처리됨
- 【문제 2】는 블록코딩을 원칙으로 하며, 오브젝트 설정 창에서 설정 시 감점 처리됨

【문제 1】 다음 [처리조건]에 따라 배경 및 오브젝트를 설정하시오. (10점)

▶ **배경 설정하기**

○완성파일 : 유형3-3.ent

[처리조건]	[배경]
◎ '들판(4)' 배경 불러오기 - 이름을 '**들판**'으로 변경하기	들판(4) 

▶ **오브젝트 설정하기** (오브젝트는 순서대로 불러올 것)

[처리조건]	[오브젝트]	

① '진행 상태 바' 오브젝트를 불러오기
  - 이름을 '**막대**'로 변경하기
② '먹구름(1)' 오브젝트를 불러오기
  - 이름을 '**먹구름**'으로 변경하기
③ '바위 장애물' 오브젝트를 불러오기
  - 이름을 '**바위**'로 변경하기
④ '축구공' 오브젝트를 불러오기
  - 이름 **변경 없음**
※ 기존의 '엔트리봇' 오브젝트는 삭제한다.
	① 진행 상태 바

		② 먹구름(1)

	③ 바위 장애물 	④ 축구공

【문제 2】 [전체블록]을 모두 사용하여 [처리조건]에 따라 오브젝트를 코딩하시오. (90점)

▶ '막대' 오브젝트

 '막대' 오브젝트는 키보드의 방향키를 이용해 왼쪽과 오른쪽으로 이동한다.

[처리조건]	[전체블록]

◎ 시작하기 버튼을 클릭했을 때
• 크기를 '40' 으로 정하기
• x: '0' y: '-130' 위치로 이동하기
• 계속 반복하기
  - 만일 '왼쪽 화살표' 키를 눌렀는가? 라면
    └ x 좌표를 '-3' 만큼 바꾸기
  - 만일 '오른쪽 화살표' 키를 눌렀는가? 라면
    └ x 좌표를 '3' 만큼 바꾸기

▶ '먹구름' 오브젝트

 '먹구름' 오브젝트는 화면 왼쪽과 오른쪽으로 반복해 이동한다.

[처리조건]	[전체블록]

◎ 시작하기 버튼을 클릭했을 때
• 크기를 '150' 으로 정하기
• x: '200' y: '90' 위치로 이동하기
• 계속 반복하기
  - '2'초 동안 x: '-200' y: '90' 위치로 이동하기
  - '2'초 동안 x: '200' y: '90' 위치로 이동하기

▶ '바위' 오브젝트

'바위' 오브젝트는 화면 오른쪽에서 나타나 왼쪽으로 이동하기를 반복한다.

[처리조건]	[전체블록]

◎ 시작하기 버튼을 클릭했을 때
 • 크기를 '150' 으로 정하기
 • x: '-200' y: '-90' 위치로 이동하기
 • 계속 반복하기
  - '5'초 동안 x: '200' y: '-90' 위치로 이동하기
  - x: '-200' y: '-90' 위치로 이동하기
	0 초 동안 x: 0 y: 0 위치로 이동하기
	
	시작하기 버튼을 클릭했을 때
	
	계속 반복하기
	
	x: 0 y: 0 위치로 이동하기
	
	크기를 0 (으)로 정하기

▶ '축구공' 오브젝트

'축구공' 오브젝트는 무작위 방향으로 이동하며 벽에 닿으면 튕긴다.

[처리조건]	[전체블록]

◎ 시작하기 버튼을 클릭했을 때
 • 크기를 '50' 으로 정하기
 • 방향을 '-40'부터 '40' 사이의 무작위 수로 정하기
 • 계속 반복하기
  - 이동 방향으로 '2' 만큼 움직이기
  - 화면 끝에 닿으면 튕기기
  - 만일 '막대'에 닿았는가? 라면
   └ 방향을 '-40'부터 '40' 사이의 무작위 수로 정하기

CHAPTER

2

공개 및 기출문제

코딩활용능력
(CAT; CODING ABILITY TEST)

◉ 시험과목 : 코딩활용능력 3급 (엔트리)
◉ 시험일자 : 2024. 00. 00.(토)
◉ 응시자 기재사항 및 감독위원 확인

수 검 번 호	CAT - 2400 -	감독위원 확인
성 명		

응시자 유의사항

1. 응시자는 신분증 또는 동등한 자격을 갖춘 증빙서류를 지참하여야 시험에 응시할 수 있으며, 시험이 종료될 때까지 신분증을 제시하지 못할 경우 해당 시험은 0점 처리됩니다.

2. 시스템(PC 작동 여부, 네트워크 상태 등)의 이상 여부를 반드시 확인하여야 하며, 시스템 이상이 있을 시 감독위원에게 조치를 받으셔야 합니다.

3. 시험 중 시스템 오류 또는 시스템 다운 증상에 대해서는 응시자 본인에게 책임이 있습니다.

4. 시험 중 부주의 또는 고의로 시스템을 파손한 경우는 응시자 부담으로 합니다.

5. **엔트리 버전은 최소 2.0.53 이상을 사용하여야** 하며, 답안 전송 프로그램을 통하여 배포 받은 파일에 답안을 작성하시기 바랍니다. 감독위원의 지시에 따라 주시기 바랍니다.

6. 작성한 답안 파일은 답안 전송 프로그램을 통하여 자동으로 전송됩니다.

7. 다음 사항의 경우 실격(0점) 혹은 부정행위 처리됩니다.
   ❶ 답안을 저장하지 않았거나, 저장한 파일이 손상되었을 경우
   ❷ 답안 파일을 다른 보조 기억장치(USB) 혹은 네트워크(메신저, 게시판 등)로 전송할 경우
   ❸ 휴대용 전화기 등 통신장비를 사용할 경우

8. 시험을 완료한 응시자는 답안을 저장하고, 답안 파일이 전송되었는지 확인한 후 감독위원의 지시에 따라 문제지를 제출한 후 퇴실하여야 합니다.

9. 시험시간이 종료된 이후에는 답안의 수정 또는 정정이 불가합니다.

10. 시험시행 후 결과는 홈페이지(www.ihd.or.kr)에서 확인하시기 바랍니다.
    ❶ 문제 및 정답 공개 : 2024. 00. 00.(화)
    ❷ 합격자 발표 : 2024. 00. 00.(금)

Korea Association for ICT Promotion
한국정보통신진흥협회 KAIT

유 의 사 항

- 각 문제의 정답은 다음과 같은 규칙으로 ENT 파일을 저장하시오.
  - 저장 위치 : 바탕 화면 > KAIT > 제출파일 폴더
  - 파일명 : CAT-수검번호-이름.ent
  ※ 예시 : 수검번호가 CAT-2400-000000이고 수험자 이름이 홍길동인 경우
  　" **CAT-000000-홍길동.ent** "로 저장할 것
- 수검 시 **지문 순서대로 작업**하며, 오브젝트 및 블록 등을 임의 추가 시 감점 처리됨
- 【문제 2】는 블록코딩을 원칙으로 하며, 오브젝트 설정 창에서 설정 시 감점 처리됨

프로젝트 설명

병아리가 먹을 것을 찾고 있다. 모이와 돌멩이 중에 어떤 것을 먹어야 할까?
모이를 먹으면 '냠냠!'이라고 말하고, 돌멩이를 먹으면 '으악'이라고 말한다.
모이를 먹은 병아리는 쑥쑥 자라나 닭이 되어 꼬끼오~!하고 운다.

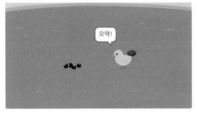

【문제 1】 다음 [처리조건]에 따라 배경 및 오브젝트를 설정하시오. (10점)

▶ 배경 설정하기

[처리조건]	[배경]	
◎ '잔디밭' 배경 불러오기 　- 이름을 '**들판**'으로 변경하기	잔디밭	

▶ **오브젝트 설정하기** (오브젝트는 순서대로 불러올 것)

[처리조건]	[오브젝트]	
① '검은콩' 오브젝트를 불러오기 　- 이름을 '**모이**'로 변경하기 ② '검은 돌멩이' 오브젝트를 불러오기 　- 이름을 '**돌멩이**'로 변경하기 ③ '병아리' 오브젝트를 불러오기 　- 이름 **변경 없음** ④ '암탉(2)' 오브젝트를 불러오기 　- 이름을 '**닭**'으로 변경하기 ※ 기존의 '엔트리봇' 오브젝트는 삭제한다.	① 검은콩	② 검은 돌멩이
	③ 병아리	④ 암탉(2)

【문제 2】 [전체블록]을 모두 사용하여 [처리조건]에 따라 오브젝트를 코딩하시오. (90점)

▶ '모이' 오브젝트

 '모이' 오브젝트는 무작위 수 위치에 나타난다.

[처리조건]	[전체블록]

◎ 시작하기 버튼을 클릭했을 때
• 모양 숨기기
• 크기를 '30'으로 정하기
• 계속 반복하기
   - x: '-200 부터 200 사이의 무작위 수'
     y: '-120 부터 120 사이의 무작위 수'
     위치로 이동하기
   - '1' 초 기다리기
   - 모양 보이기
   - '2' 초 기다리기

▶ '돌멩이' 오브젝트

 '돌멩이' 오브젝트는 무작위 수 위치에 나타난다.

[처리조건]	[전체블록]

◎ 시작하기 버튼을 클릭했을 때
• 모양 숨기기
• 크기를 '20'으로 정하기
• 계속 반복하기
   - x: '-200 부터 200 사이의 무작위 수'
     y: '-120 부터 120 사이의 무작위 수'
     위치로 이동하기
   - '1' 초 기다리기
   - 모양 보이기
   - '2' 초 기다리기

▶ '병아리' 오브젝트

'병아리' 오브젝트는 '왼쪽, 오른쪽, 위, 아래'로 이동하며, '모이' 오브젝트를 먹고 '닭' 오브젝트로 성장한다.

[처리조건]	[전체블록]

◎ 시작하기 버튼을 클릭했을 때
• x: '100' y: '60' 위치로 이동하기
• 크기를 '50' 으로 정하기
• 계속 반복하기
  - 만일 '왼쪽 화살표' 키가 눌러져 있는가? 라면
    └ x 좌표를 '-5' 만큼 바꾸기
  - 만일 '오른쪽 화살표' 키가 눌러져 있는가? 라면
    └ x 좌표를 '5' 만큼 바꾸기
  - 만일 '위쪽 화살표' 키가 눌러져 있는가? 라면
    └ y 좌표를 '5' 만큼 바꾸기
  - 만일 '아래쪽 화살표' 키가 눌러져 있는가? 라면
    └ y 좌표를 '-5' 만큼 바꾸기
  - 만일 '모이' 에 닿았는가? 라면
    └ '냠냠!' 을 '2' 초 동안 '말하기'
    └ 크기를 '120' 으로 정하기
    └ 모양 숨기기
  - 만일 '돌멩이' 에 닿았는가? 라면
    └ '으악!' 을 '2' 초 동안 '말하기'

▶ '닭' 오브젝트

'닭' 오브젝트는 '병아리' 오브젝트의 크기가 '120'으로 커지면 '꼬끼오~!'라고 말하며 나타난다.

[처리조건]	[전체블록]
◎ 시작하기 버튼을 클릭했을 때 • 모양 숨기기 • '병아리' 의 '크기' = ' (ㄱ) ' 이 될 때까지 기다리기 • '다른 오브젝트의' 코드 멈추기 • '병아리' 위치로 이동하기 • 모양 보이기 • '꼬끼오~!' 를 '2' 초 동안 '말하기'	

코딩활용능력
(CAT; CODING ABILITY TEST)

◉ 시험과목 : 코딩활용능력 3급 (엔트리)
◉ 시험일자 : 2024. 00. 00.(토)
◉ 응시자 기재사항 및 감독위원 확인

수 검 번 호	CAT - 2400 -	감독위원 확인
성 명		

응시자 유의사항

1. 응시자는 신분증 또는 동등한 자격을 갖춘 증빙서류를 지참하여야 시험에 응시할 수 있으며, 시험이 종료될 때까지 신분증을 제시하지 못할 경우 해당 시험은 0점 처리됩니다.

2. 시스템(PC 작동 여부, 네트워크 상태 등)의 이상 여부를 반드시 확인하여야 하며, 시스템 이상이 있을 시 감독위원에게 조치를 받으셔야 합니다.

3. 시험 중 시스템 오류 또는 시스템 다운 증상에 대해서는 응시자 본인에게 책임이 있습니다.

4. 시험 중 부주의 또는 고의로 시스템을 파손한 경우는 응시자 부담으로 합니다.

5. **엔트리 버전은 최소 2.0.53 이상을 사용하여야** 하며, 답안 전송 프로그램을 통하여 배포 받은 파일에 답안을 작성하시기 바랍니다. 감독위원의 지시에 따라 주시기 바랍니다.

6. 작성한 답안 파일은 답안 전송 프로그램을 통하여 자동으로 전송됩니다.

7. 다음 사항의 경우 실격(0점) 혹은 부정행위 처리됩니다.

   ❶ 답안을 저장하지 않았거나, 저장한 파일이 손상되었을 경우
   ❷ 답안 파일을 다른 보조 기억장치(USB) 혹은 네트워크(메신저, 게시판 등)로 전송할 경우
   ❸ 휴대용 전화기 등 통신장비를 사용할 경우

8. 시험을 완료한 응시자는 답안을 저장하고, 답안 파일이 전송되었는지 확인한 후 감독위원의 지시에 따라 문제지를 제출한 후 퇴실하여야 합니다.

9. 시험시간이 종료된 이후에는 답안의 수정 또는 정정이 불가합니다.

10. 시험시행 후 결과는 홈페이지(www.ihd.or.kr)에서 확인하시기 바랍니다.

    ❶ 문제 및 정답 공개 : 2024. 00. 00.(화)
    ❷ 합격자 발표 : 2024. 00. 00.(금)

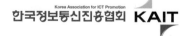

한국정보통신진흥협회 KAIT
Korea Association for ICT Promotion

유의사항

- 각 문제의 정답은 다음과 같은 규칙으로 ENT 파일을 저장하시오.
  - 저장 위치 : 바탕 화면 > KAIT > 제출파일 폴더
  - 파일명 : CAT-수검번호-이름.ent
  - ※ 예시 : 수검번호가 CAT-2400-000000이고 수험자 이름이 홍길동인 경우
    " **CAT-000000-홍길동.ent** "로 저장할 것
- 수검 시 **지문 순서대로 작업**하며, 오브젝트 및 블록 등을 임의 추가 시 감점 처리됨
- 【문제 2】는 블록코딩을 원칙으로 하며, 오브젝트 설정 창에서 설정 시 감점 처리됨

프로젝트 설명

아날로그시계는 숫자와 눈금이 표시된 시계판과 시를 나타내는 시침, 분을 나타내는 분침, 초를 나타내는 초침으로 구성된다. 시계가 현재 시각을 나타내도록 하고, 시계를 클릭하면 현재 시각이 오전인지 오후인지 알려주도록 한다.

  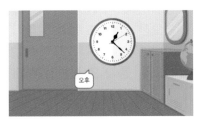

【문제 1】 다음 [처리조건]에 따라 배경 및 오브젝트를 설정하시오. (10점)

▶ 배경 설정하기

[처리조건]	[배경]
◎ '교실 뒤(2)' 배경 불러오기 - 이름을 '**교실**'로 변경하기	교실 뒤(2)

▶ 오브젝트 설정하기 (오브젝트는 순서대로 불러올 것)

[처리조건]	[오브젝트]	
① '시계판' 오브젝트를 불러오기 - 이름 **변경 없음** ② '시계 바늘(시침)' 오브젝트를 불러오기 - 이름을 '**시침**'으로 변경하기 ③ '시계 바늘(분침)' 오브젝트를 불러오기 - 이름을 '**분침**'으로 변경하기 ④ '시계 바늘(초침)' 오브젝트를 불러오기 - 이름을 '**초침**'으로 변경하기 ※ 기존의 '엔트리봇' 오브젝트는 삭제한다.	① 시계판	② 시계 바늘(시침)
	③ 시계 바늘(분침)	④ 시계 바늘(초침)

【문제 2】 [전체블록]을 모두 사용하여 [처리조건]에 따라 오브젝트를 코딩하시오. (90점)

▶ '시계판' 오브젝트

 '시계판'을 클릭하면 현재 시각이 '오전'인지 '오후'인지 알려준다.
시각의 '시'가 '12'보다 작으면 '오전'이고, 그렇지 않으면 '오후'이다.

[처리조건]	[전체블록]
① 시작하기 버튼을 클릭했을 때 　• x: '30' y: '55' 위치로 이동하기 　• 크기를 '120' 으로 정하기 ② 오브젝트를 클릭했을 때 　• 만일 현재 '시각(시)' < '　(ㄱ)　' 라면 　　- '오전' 을 '2' 초 동안 '말하기' 　• 아니면 　　- '오후' 를 '2' 초 동안 '말하기'	

▶ '시침' 오브젝트

'시계판'의 숫자는 현재 시각의 '시'를 나타낸다. '시침'이 1시를 가리키면 30도,
2시는 60도, 3시는 90도, …이므로 '시침'의 방향은 시각(시)에서 '30'을 곱하면 된다.

[처리조건]	[전체블록]
◎ 시작하기 버튼을 클릭했을 때 　• x: '30' y: '55' 위치로 이동하기 　• 크기를 '120' 으로 정하기 　• 계속 반복하기 　　- 방향을 현재 '시각(시)' x '30' 으로 정하기	

▶ **'분침' 오브젝트**

'분침'이 가리키는 작은 눈금 한 칸은 1분을 나타낸다. '분침'이 시계를 한 바퀴(360도)를 도는데 걸리는 시간은 60분이므로, '분침'의 방향은 시각(분)에서 '6'을 곱하면 된다.

[처리조건]	[전체블록]
◎ 시작하기 버튼을 클릭했을 때 • x: '30' y: '55' 위치로 이동하기 • 크기를 '120' 으로 정하기 • 계속 반복하기 - 방향을 현재 '시각(분)' x '6' 으로 정하기	

▶ **'초침' 오브젝트**

'초침'이 가리키는 작은 눈금 한 칸은 1초를 나타낸다. '초침'이 시계를 한 바퀴(360도)를 도는데 걸리는 시간은 1분이므로, '초침'의 방향은 시각(초)에서 '6'을 곱하면 된다.

[처리조건]	[전체블록]
◎ 시작하기 버튼을 클릭했을 때 • x: '30' y: '55' 위치로 이동하기 • 크기를 '120' 으로 정하기 • 계속 반복하기 - 방향을 현재 '시각(초)' x '6' 으로 정하기	

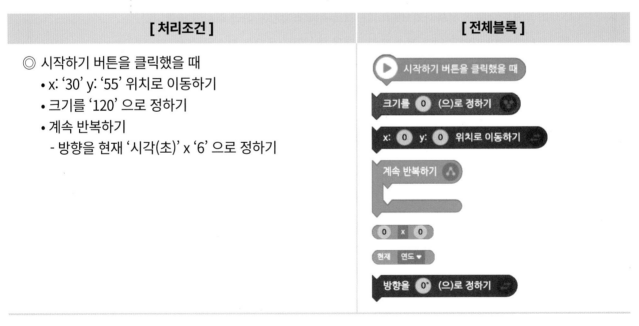

코딩활용능력
(CAT; CODING ABILITY TEST)

● 시험과목 : 코딩활용능력 3급 (엔트리)
● 시험일자 : 2024. 00. 00.(토)
● 응시자 기재사항 및 감독위원 확인

수 검 번 호	CAT - 2400 -	감독위원 확인
성 명		

응시자 유의사항

1. 응시자는 신분증 또는 동등한 자격을 갖춘 증빙서류를 지참하여야 시험에 응시할 수 있으며, 시험이 종료될 때까지 신분증을 제시하지 못할 경우 해당 시험은 0점 처리됩니다.

2. 시스템(PC 작동 여부, 네트워크 상태 등)의 이상 여부를 반드시 확인하여야 하며, 시스템 이상이 있을 시 감독위원에게 조치를 받으셔야 합니다.

3. 시험 중 시스템 오류 또는 시스템 다운 증상에 대해서는 응시자 본인에게 책임이 있습니다.

4. 시험 중 부주의 또는 고의로 시스템을 파손한 경우는 응시자 부담으로 합니다.

5. **엔트리 버전은 최소 2.0.53 이상을 사용하여야 하며,** 답안 전송 프로그램을 통하여 배포 받은 파일에 답안을 작성하시기 바랍니다. 감독위원의 지시에 따라 주시기 바랍니다.

6. 작성한 답안 파일은 답안 전송 프로그램을 통하여 자동으로 전송됩니다.

7. 다음 사항의 경우 실격(0점) 혹은 부정행위 처리됩니다.
   ❶ 답안을 저장하지 않았거나, 저장한 파일이 손상되었을 경우
   ❷ 답안 파일을 다른 보조 기억장치(USB) 혹은 네트워크(메신저, 게시판 등)로 전송할 경우
   ❸ 휴대용 전화기 등 통신장비를 사용할 경우

8. 시험을 완료한 응시자는 답안을 저장하고, 답안 파일이 전송되었는지 확인한 후 감독위원의 지시에 따라 문제지를 제출한 후 퇴실하여야 합니다.

9. 시험시간이 종료된 이후에는 답안의 수정 또는 정정이 불가합니다.

10. 시험시행 후 결과는 홈페이지(www.ihd.or.kr)에서 확인하시기 바랍니다.
   ❶ 문제 및 정답 공개 : 2024. 00. 00.(화)
   ❷ 합격자 발표 : 2024. 00. 00.(금)

Korea Association for ICT Promotion
한국정보통신진흥협회 KAIT

유 의 사 항

- 각 문제의 정답은 다음과 같은 규칙으로 ENT 파일을 저장하시오.
  - 저장 위치 : 바탕 화면 > KAIT > 제출파일 폴더
  - 파일명 : CAT-수검번호-이름.ent
    ※ 예시 : 수검번호가 CAT-2400-000000이고 수험자 이름이 홍길동인 경우
    " **CAT-000000-홍길동.ent** "로 저장할 것
- 수검 시 **지문 순서대로 작업**하며, 오브젝트 및 블록 등을 임의 추가 시 감점 처리됨
- 【문제 2】는 블록코딩을 원칙으로 하며, 오브젝트 설정 창에서 설정 시 감점 처리됨

프로젝트 설명

카멜레온이 미로에 빠졌다. 왼쪽, 오른쪽, 위, 아래 화살표 키를 눌러 이동하며, 벽에 닿으면 처음 위치로
되돌아간다. 뱀이 랜덤으로 나타나기 때문에 잘 피해서 이동하여야 한다.
카멜레온이 미로의 끝인 별에 닿으면 '미션 성공!'이라고 말하며 프로젝트가 종료된다.

【문제 1】 다음 [처리조건]에 따라 배경 및 오브젝트를 설정하시오. (10점)

▶ 배경 설정하기

[처리조건]	[배경]
◎ '풀' 배경 불러오기 - 이름을 '**잔디밭**'로 변경하기	풀

▶ 오브젝트 설정하기 (오브젝트는 순서대로 불러올 것)

[처리조건]	[오브젝트]	
① '미로(1)' 오브젝트를 불러오기 - 이름을 '**미로**'로 변경하기 ② '카멜레온' 오브젝트를 불러오기 - 이름 **변경 없음** ③ '뱀' 오브젝트를 불러오기 - 이름 **변경 없음** ④ '회전하는 별' 오브젝트를 불러오기 - 이름을 '**별**'로 변경하기 ※ 기존의 '엔트리봇' 오브젝트는 삭제한다.	① 미로(1) ③ 뱀	② 카멜레온 ④ 회전하는 별

【문제 2】 [전체블록]을 모두 사용하여 [처리조건]에 따라 오브젝트를 코딩하시오. (90점)

▶ '미로' 오브젝트

'미로' 오브젝트는 프로젝트가 시작되면 '시작!'이라고 말한다.

[처리조건]	[전체블록]
◎ 시작하기 버튼을 클릭했을 때 • '시작!' 을 '2' 초 동안 '말하기'	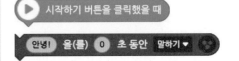

▶ '카멜레온' 오브젝트

'카멜레온' 오브젝트는 왼쪽, 오른쪽, 위, 아래 화살표 키를 눌렀을 때 이동하며, 벽에 닿으면 처음 위치로 되돌아가고, '뱀' 오브젝트에 닿으면 '으악!'이라고 말한다.

[처리조건]	[전체블록]
◎ 시작하기 버튼을 클릭했을 때 • 크기를 '25' 로 정하기 • x: '-50' y: '-90' 위치로 이동하기 • 계속 반복하기 　- 만일 '왼쪽 화살표' 키가 눌러져 있는가? 라면 　　└ x 좌표를 '-3' 만큼 바꾸기 　- 만일 '오른쪽 화살표' 키가 눌러져 있는가? 라면 　　└ x 좌표를 '3' 만큼 바꾸기 　- 만일 '위쪽 화살표' 키가 눌러져 있는가? 라면 　　└ y 좌표를 '3' 만큼 바꾸기 　- 만일 '아래쪽 화살표' 키가 눌러져 있는가? 라면 　　└ y 좌표를 '-3' 만큼 바꾸기 　- 만일 '미로' 에 닿았는가? 라면 　　└ x: '-50' y: '-90' 위치로 이동하기 　- 만일 '뱀' 에 닿았는가? 라면 　　└ '으악!' 을 '1' 초 동안 '말하기'	

▶ '뱀' 오브젝트

'뱀' 오브젝트는 '3'초마다 무작위 수 위치로 이동한다.

[처리조건]	[전체블록]

◎ 시작하기 버튼을 클릭했을 때
• 크기를 '50'으로 정하기
• x: '140' y: '60' 위치로 이동하기
• 계속 반복하기
  - x: '-200'부터 '200' 사이의 무작위 수
    y: '-120'부터 '120' 사이의 무작위 수
    위치로 이동하기
  - '　(ㄱ)　' 초 기다리기

▶ '별' 오브젝트

'별' 오브젝트는 '카멜레온' 오브젝트에 닿으면 '미션 성공!'이라고 말한 뒤 모든 코드를 멈춘다.

[처리조건]	[전체블록]

◎ 시작하기 버튼을 클릭했을 때
• 크기를 '40'으로 정하기
• x: '195' y: '-90' 위치로 이동하기
• '카멜레온'에 닿았는가? 이 될 때까지 반복하기
  - '0.1' 초 기다리기
  - '다음' 모양으로 바꾸기
  - 만일 '카멜레온'에 닿았는가? 라면
    └ '미션 성공!'을 '말하기'
    └ '모든' 코드 멈추기

코딩활용능력
(CAT; CODING ABILITY TEST)

◉ 시험과목 : 코딩활용능력 3급 (엔트리)
◉ 시험일자 : 2024. 00. 00.(토)
◉ 응시자 기재사항 및 감독위원 확인

수 검 번 호	CAT - 2400 -	감독위원 확인
성 명		

응시자 유의사항

1. 응시자는 신분증 또는 동등한 자격을 갖춘 증빙서류를 지참하여야 시험에 응시할 수 있으며, 시험이 종료될 때까지 신분증을 제시하지 못할 경우 해당 시험은 0점 처리됩니다.

2. 시스템(PC 작동 여부, 네트워크 상태 등)의 이상 여부를 반드시 확인하여야 하며, 시스템 이상이 있을 시 감독위원에게 조치를 받으셔야 합니다.

3. 시험 중 시스템 오류 또는 시스템 다운 증상에 대해서는 응시자 본인에게 책임이 있습니다.

4. 시험 중 부주의 또는 고의로 시스템을 파손한 경우는 응시자 부담으로 합니다.

5. **엔트리 버전은 최소 2.0.53 이상을 사용**하여야 하며, 답안 전송 프로그램을 통하여 배포 받은 파일에 답안을 작성하시기 바랍니다. 감독위원의 지시에 따라 주시기 바랍니다.

6. 작성한 답안 파일은 답안 전송 프로그램을 통하여 자동으로 전송됩니다.

7. 다음 사항의 경우 실격(0점) 혹은 부정행위 처리됩니다.

   ❶ 답안을 저장하지 않았거나, 저장한 파일이 손상되었을 경우

   ❷ 답안 파일을 다른 보조 기억장치(USB) 혹은 네트워크(메신저, 게시판 등)로 전송할 경우

   ❸ 휴대용 전화기 등 통신장비를 사용할 경우

8. 시험을 완료한 응시자는 답안을 저장하고, 답안 파일이 전송되었는지 확인한 후 감독위원의 지시에 따라 문제지를 제출한 후 퇴실하여야 합니다.

9. 시험시간이 종료된 이후에는 답안의 수정 또는 정정이 불가합니다.

10. 시험시행 후 결과는 홈페이지(www.ihd.or.kr)에서 확인하시기 바랍니다.

    ❶ 문제 및 정답 공개 : 2024. 00. 00.(화)

    ❷ 합격자 발표 : 2024. 00. 00.(금)

유 의 사 항
- 각 문제의 정답은 다음과 같은 규칙으로 ENT 파일을 저장하시오.
  - 저장 위치 : 바탕 화면 > KAIT > 제출파일 폴더
  - 파일명 : CAT-수검번호-이름.ent
    ※ 예시 : 수검번호가 CAT-2400-000000이고 수험자 이름이 홍길동인 경우
    " **CAT-000000-홍길동.ent** "로 저장할 것
- 수검 시 **지문 순서대로** 작업하며, 오브젝트 및 블록 등을 임의 추가 시 감점 처리됨
- **【문제 2】**는 블록코딩을 원칙으로 하며, 오브젝트 설정 창에서 설정 시 감점 처리됨

프로젝트 설명

마라토너가 달리기 운동 중이다. 앞에 돌이 나타났을 때 점프해서 피할 수 있을까?
마라토너는 계속해서 달리며, 스페이스 키를 눌러 점프할 수 있다.
만약 돌에 걸려 넘어지면 '아야!'라고 말한다.

【문제 1】 다음 [처리조건]에 따라 배경 및 오브젝트를 설정하시오. (10점)

▶ **배경 설정하기**

[처리조건]	[배경]	
◎ '도로' 배경 불러오기 - 이름을 '**공원**'으로 변경하기	도로	

▶ **오브젝트 설정하기** (오브젝트는 순서대로 불러올 것)

[처리조건]	[오브젝트]	
① '나무(10)' 오브젝트를 불러오기 - 이름을 '**나무**'로 변경하기 ② '바위(1)' 오브젝트를 불러오기 - 이름을 '**돌**'로 변경하기 ③ '가을 자전거를 타는 모습' 오브젝트를 불러오기 - 이름을 '**엔트리봇**'으로 변경하기 ④ '축구선수' 오브젝트를 불러오기 - 이름을 '**마라토너**'로 변경하기 ※ 기존의 '엔트리봇' 오브젝트는 삭제한다.	① 나무(10)	② 바위(1)
	③ 가을 자전거를 타는 모습	④ 축구선수

【문제 2】 [전체블록]을 모두 사용하여 [처리조건]에 따라 오브젝트를 코딩하시오. (90점)

▶ '나무' 오브젝트

 '나무' 오브젝트는 x좌표 값이 '-240'보다 작을 때까지 '-3'씩 이동한다.

[처리조건]	[전체블록]
◎ 시작하기 버튼을 클릭했을 때 • 모양 숨기기 • 계속 반복하기 　- x: '240 y: '-20' 위치로 이동하기 　- 모양 보이기 　- '나무' 의 'x좌푯값' < '-240' 이 될 때까지 반복하기 　　└ x좌표를 '-3' 만큼 바꾸기	

▶ '돌' 오브젝트

 '돌' 오브젝트는 x좌표 값이 '-260'보다 작을 때까지 '-3'씩 이동한다.

[처리조건]	[전체블록]
◎ 시작하기 버튼을 클릭했을 때 • 모양 숨기기 • 크기를 '30' 으로 정하기 • 계속 반복하기 　- x: '260 y: '-105' 위치로 이동하기 　- '1' 초 기다리기 　- 모양 보이기 　- '돌' 의 'x좌푯값' < '-260' 이 될 때까지 반복하기 　　└ x좌표를 ' -（ㄱ） ' 만큼 바꾸기	

▶ '엔트리봇' 오브젝트

'엔트리봇' 오브젝트는 이동 방향으로 '-1'씩 반복하여 이동한다.

[처리조건]	[전체블록]
◎ 시작하기 버튼을 클릭했을 때 • x: '280' y: '-30' 위치로 이동하기 • 0.5 초 기다리기 • 계속 반복하기 - 이동 방향으로 '-1' 만큼 움직이기	

▶ '마라토너' 오브젝트

'마라토너' 오브젝트는 오른쪽으로 달리며, 만일 '돌' 오브젝트가 나타나면 점프하여 피할 수 있다. '돌' 오브젝트에 닿으면 '아야!'라고 말한다.

[처리조건]	[전체블록]

◎ 시작하기 버튼을 클릭했을 때
• 좌우 모양 뒤집기
• x: '-150' y: '-70' 위치로 이동하기
• 계속 반복하기
  - '다음' 모양으로 바꾸기
  - '0.1' 초 기다리기
  - 만일 '스페이스' 키가 눌러져 있는가? 라면
    └ '20' 번 반복하기
      > y좌표를 '5' 만큼 바꾸기
    └ '20' 번 반복하기
      > y좌표를 '-5' 만큼 바꾸기
  - 만일 '돌' 에 닿았는가? 라면
    └ 방향을 '40°' 만큼 회전하기
    └ '0.2' 초 동안 x: '-140' y: '-100' 위치로 이동하기
    └ '아야!' 를 '말하기'
    └ '1' 초 기다리기
    └ '모든' 코드 멈추기

코딩활용능력
(CAT; CODING ABILITY TEST)

◉ 시험과목 : 코딩활용능력 3급 (엔트리)
◉ 시험일자 : 2024. 00. 00.(토)
◉ 응시자 기재사항 및 감독위원 확인

수 검 번 호	CAT - 2400 -	감독위원 확인
성 명		

응시자 유의사항

1. 응시자는 신분증 또는 동등한 자격을 갖춘 증빙서류를 지참하여야 시험에 응시할 수 있으며, 시험이 종료될 때까지 신분증을 제시하지 못할 경우 해당 시험은 0점 처리됩니다.

2. 시스템(PC 작동 여부, 네트워크 상태 등)의 이상 여부를 반드시 확인하여야 하며, 시스템 이상이 있을 시 감독위원에게 조치를 받으셔야 합니다.

3. 시험 중 시스템 오류 또는 시스템 다운 증상에 대해서는 응시자 본인에게 책임이 있습니다.

4. 시험 중 부주의 또는 고의로 시스템을 파손한 경우는 응시자 부담으로 합니다.

5. **엔트리 버전은 최소 2.0.53 이상을 사용**하여야 하며, 답안 전송 프로그램을 통하여 배포 받은 파일에 답안을 작성하시기 바랍니다. 감독위원의 지시에 따라 주시기 바랍니다.

6. 작성한 답안 파일은 답안 전송 프로그램을 통하여 자동으로 전송됩니다.

7. 다음 사항의 경우 실격(0점) 혹은 부정행위 처리됩니다.

   ❶ 답안을 저장하지 않았거나, 저장한 파일이 손상되었을 경우

   ❷ 답안 파일을 다른 보조 기억장치(USB) 혹은 네트워크(메신저, 게시판 등)로 전송할 경우

   ❸ 휴대용 전화기 등 통신장비를 사용할 경우

8. 시험을 완료한 응시자는 답안을 저장하고, 답안 파일이 전송되었는지 확인한 후 감독위원의 지시에 따라 문제지를 제출한 후 퇴실하여야 합니다.

9. 시험시간이 종료된 이후에는 답안의 수정 또는 정정이 불가합니다.

10. 시험시행 후 결과는 홈페이지(www.ihd.or.kr)에서 확인하시기 바랍니다.

    ❶ 문제 및 정답 공개 : 2024. 00. 00.(화)

    ❷ 합격자 발표 : 2024. 00. 00.(금)

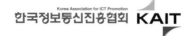

Korea Association for ICT Promotion
한국정보통신진흥협회 KAIT

유 의 사 항

• 각 문제의 정답은 다음과 같은 규칙으로 ENT 파일을 저장하시오.
  - 저장 위치 : 바탕 화면 > KAIT > 제출파일 폴더
  - 파일명 : CAT-수검번호-이름.ent
  ※ 예시 : 수검번호가 CAT-2400-000000이고 수험자 이름이 홍길동인 경우
  " **CAT-000000-홍길동.ent** "로 저장할 것
• 수검 시 **지문 순서대로 작업**하며, 오브젝트 및 블록 등을 임의 추가 시 감점 처리됨
• 【문제 2】는 블록코딩을 원칙으로 하며, 오브젝트 설정 창에서 설정 시 감점 처리됨

프로젝트 설명

바닥에 쓰레기, 먼지, 물감이 지저분하게 널려있다. 로봇청소기를 동작시켜 바닥을 청소하려고 한다.
로봇청소기는 왼쪽, 오른쪽, 위, 아래 화살표 키를 눌러 움직일 수 있고, 쓰레기를 빨아들여 없앤다.
청소가 끝나면 스페이스 키를 눌러 종료한다.

 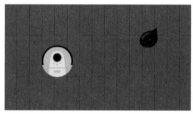 

【문제 1】 다음 [처리조건]에 따라 배경 및 오브젝트를 설정하시오. (10점)

▶ **배경 설정하기**

[처리조건]	[배경]
◎ '마룻바닥' 배경 불러오기 　- 이름을 '**바닥**'으로 변경하기	마룻바닥

▶ **오브젝트 설정하기** (오브젝트는 순서대로 불러올 것)

[처리조건]	[오브젝트]	
① '물감' 오브젝트를 불러오기 　- 이름 **변경 없음** ② '모래알' 오브젝트를 불러오기 　- 이름을 '**먼지**'로 변경하기 ③ '쓰레기' 오브젝트를 불러오기 　- 이름 **변경 없음** ④ '로봇청소기(2)' 오브젝트를 불러오기 　- 이름을 '**로봇청소기**'로 변경하기 ※ 기존의 '엔트리봇' 오브젝트는 삭제한다	① 물감	② 모래알
	③ 쓰레기	④ 로봇청소기(2)

【문제 2】 [전체블록]을 모두 사용하여 [처리조건]에 따라 오브젝트를 코딩하시오. (90점)

▶ '물감' 오브젝트

'물감' 오브젝트는 '로봇청소기' 오브젝트에 여러 번 닿았을 때 사라진다.

[처리조건]	[전체블록]

◎ 시작하기 버튼을 클릭했을 때
• 크기를 '50' 으로 정하기
• x: '130' y: '50' 위치로 이동하기
• '색깔' 효과를 '75' 로 정하기
• 계속 반복하기
  - 만일 '로봇청소기' 에 닿았는가? 라면
    └ '투명도' 효과를 '5' 만큼 주기
    └ 크기를 '-1' 만큼 바꾸기
    └ '0.1' 초 기다리기

▶ '먼지' 오브젝트

'먼지' 오브젝트는 '로봇청소기' 오브젝트에 닿으면 사라진다.

[처리조건]	[전체블록]

◎ 시작하기 버튼을 클릭했을 때
• 크기를 '50' 으로 정하기
• x: '-120' y: '-70' 위치로 이동하기
• '색깔' 효과를 '30' 으로 정하기
• 계속 반복하기
  - 만일 '로봇청소기' 에 닿았는가? 라면
    └ '0.1' 초 동안 '로봇청소기' 위치로 이동하기
    └ 모양 숨기기

▶ '쓰레기' 오브젝트

'쓰레기' 오브젝트는 '로봇청소기' 오브젝트에 닿으면 사라진다.

[처리조건]	[전체블록]
◎ 시작하기 버튼을 클릭했을 때 　• 크기를 '40' 으로 정하기 　• x: '-150' y: '30' 위치로 이동하기 　• 계속 반복하기 　　- 만일 '로봇청소기' 에 닿았는가? 라면 　　　└ '0.1' 초 동안 '로봇청소기' 위치로 이동하기 　　　　└ 모양 숨기기	

▶ '로봇청소기(2)' 오브젝트

'로봇청소기' 오브젝트는 '청소를 시작합니다.'를 '2'초 동안 말하고,
왼쪽, 오른쪽, 위, 아래 화살표 키를 눌러 움직일 수 있다.
스페이스 키를 누르면 청소를 종료한다.

[처리조건]	[전체블록]
① 시작하기 버튼을 클릭했을 때 　• 크기를 '80' 으로 정하기 　• '청소를 시작합니다!' 를 '　(ㄱ)　' 초 동안 '말하기' ② '왼쪽 화살표' 키를 눌렀을 때 　• 방향을 '90°' 로 정하기 　• x 좌표를 '-5' 만큼 바꾸기 ③ '오른쪽 화살표' 키를 눌렀을 때 　• 방향을 '270°' 로 정하기 　• x 좌표를 '5' 만큼 바꾸기 ④ '위쪽 화살표' 키를 눌렀을 때 　• 방향을 '180°' 로 정하기 　• y 좌표를 '5' 만큼 바꾸기 ⑤ '아래쪽 화살표' 키를 눌렀을 때 　• 방향을 '0°' 로 정하기 　• y 좌표를 '-5' 만큼 바꾸기 ⑥ '스페이스' 키를 눌렀을 때 　• '청소를 종료합니다!' 를 '말하기' 　• '모든' 코드 멈추기	

코딩활용능력
(CAT; CODING ABILITY TEST)

◉ 시험과목 : 코딩활용능력 3급 (엔트리)
◉ 시험일자 : 2024. 00. 00.(토)
◉ 응시자 기재사항 및 감독위원 확인

수 검 번 호	CAT - 2400 -	감독위원 확인
성 명		

응시자 유의사항

1. 응시자는 신분증 또는 동등한 자격을 갖춘 증빙서류를 지참하여야 시험에 응시할 수 있으며, 시험이 종료될 때까지 신분증을 제시하지 못할 경우 해당 시험은 0점 처리됩니다.

2. 시스템(PC 작동 여부, 네트워크 상태 등)의 이상 여부를 반드시 확인하여야 하며, 시스템 이상이 있을 시 감독위원에게 조치를 받으셔야 합니다.

3. 시험 중 시스템 오류 또는 시스템 다운 증상에 대해서는 응시자 본인에게 책임이 있습니다.

4. 시험 중 부주의 또는 고의로 시스템을 파손한 경우는 응시자 부담으로 합니다.

5. 엔트리 버전은 최소 2.0.53 이상을 사용하여야 하며, 답안 전송 프로그램을 통하여 배포 받은 파일에 답안을 작성하시기 바랍니다. 감독위원의 지시에 따라 주시기 바랍니다.

6. 작성한 답안 파일은 답안 전송 프로그램을 통하여 자동으로 전송됩니다.

7. 다음 사항의 경우 실격(0점) 혹은 부정행위 처리됩니다.

   ❶ 답안을 저장하지 않았거나, 저장한 파일이 손상되었을 경우

   ❷ 답안 파일을 다른 보조 기억장치(USB) 혹은 네트워크(메신저, 게시판 등)로 전송할 경우

   ❸ 휴대용 전화기 등 통신장비를 사용할 경우

8. 시험을 완료한 응시자는 답안을 저장하고, 답안 파일이 전송되었는지 확인한 후 감독위원의 지시에 따라 문제지를 제출한 후 퇴실하여야 합니다.

9. 시험시간이 종료된 이후에는 답안의 수정 또는 정정이 불가합니다.

10. 시험시행 후 결과는 홈페이지(www.ihd.or.kr)에서 확인하시기 바랍니다.

    ❶ 문제 및 정답 공개 : 2024. 00. 00.(화)

    ❷ 합격자 발표 : 2024. 00. 00.(금)

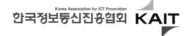

한국정보통신진흥협회 KAIT
Korea Association for ICT Promotion

유의사항

- 각 문제의 정답은 다음과 같은 규칙으로 ENT 파일을 저장하시오.
  - 저장 위치 : 바탕 화면 > KAIT > 제출파일 폴더
  - 파일명 : CAT-수검번호-이름.ent
  ※ 예시 : 수검번호가 CAT-2400-000000이고 수험자 이름이 홍길동인 경우
  " **CAT-000000-홍길동.ent** "로 저장할 것
- 수검 시 **지문 순서대로 작업**하며, 오브젝트 및 블록 등을 임의 추가 시 감점 처리됨
- 【문제 2】는 블록코딩을 원칙으로 하며, 오브젝트 설정 창에서 설정 시 감점 처리됨

프로젝트 설명

무궁화 꽃에 앉아 있던 나비가 거미를 피해 벚꽃으로 날아가려고 한다.
나비가 거미에 닿으면 '으악!'이라고 말하고, 벚꽃에 도착하면 '성공!'이라고 말한다

【문제 1】 다음 [처리조건]에 따라 배경 및 오브젝트를 설정하시오. (10점)

▶ **배경 설정하기**

[처리조건]	[배경]	
◎ '장면1'에 '들판(3)' 배경 불러오기 - 이름을 '**들판**'으로 변경하기	들판(3)	

▶ **오브젝트 설정하기** (오브젝트는 순서대로 불러올 것)

[처리조건]	[오브젝트]	
① '거미' 오브젝트를 불러오기 - 이름 **변경 없음** ② '무궁화' 오브젝트를 불러오기 - 이름 **변경 없음** ③ '벚꽃' 오브젝트를 불러오기 - 이름 **변경 없음** ④ '나비(2)' 오브젝트를 불러오기 - 이름을 '**나비**'로 변경하기 ※ 기존의 '엔트리봇' 오브젝트는 삭제한다.	① 거미	② 무궁화
	③ 벚꽃	④ 나비(2)

【문제 2】 [전체블록]을 모두 사용하여 [처리조건]에 따라 오브젝트를 코딩하시오. (90점)

▶ '거미' 오브젝트

'거미' 오브젝트는 무작위 수 위치에 나타나며,
'나비' 오브젝트에 닿으면 모양을 보였다가 숨기기를 반복한다.

[처리조건]	[전체블록]
◎ 시작하기 버튼을 클릭했을 때 　• '맨 앞으로' 보내기 　• 크기를 '60' 으로 정하기 　• 계속 반복하기 　- x: '-200 부터 200 사이의 무작위 수' 　　y: '-120 부터 120 사이의 무작위 수' 　　위치로 이동하기 　　- '1' 초 기다리기 　　- 모양 보이기 　　- 만일 '나비' 에 닿았는가? 라면 　　　└ 모양 숨기기 　　　└ '2' 초 기다리기 　　　└ 모양 보이기	

▶ '무궁화' 오브젝트

'무궁화' 오브젝트는 정해진 위치로 이동한다.

[처리조건]	[전체블록]
◎ 시작하기 버튼을 클릭했을 때 　• 크기를 '150' 으로 정하기 　• x: '150' y: '-50' 위치로 이동하기	시작하기 버튼을 클릭했을 때 x: 0 y: 0 위치로 이동하기 크기를 0 (으)로 정하기

▶ '벚꽃' 오브젝트

'벚꽃' 오브젝트는 정해진 위치로 이동한다.

[처리조건]	[전체블록]
◎ 시작하기 버튼을 클릭했을 때 　• 크기를 '150' 으로 정하기 　• x: '-200 y: '50' 위치로 이동하기	시작하기 버튼을 클릭했을 때 x: 0 y: 0 위치로 이동하기 크기를 0 (으)로 정하기

▶ '나비' 오브젝트

'나비' 오브젝트는 '왼쪽, 오른쪽, 위, 아래'로 '2'씩 움직이며 꽃을 찾아간다.
'거미' 오브젝트에 닿으면 '으악!'이라고 말하고, '벚꽃' 오브젝트에 닿으면 '성공!'
이라고 말한다.

[처리조건]	[전체블록]
◎ 시작하기 버튼을 클릭했을 때 　• 크기를 '50' 으로 정하기 　• 이동 방향을 '0' 로 정하기 　• x: '180' y: '-20' 위치로 이동하기 　• 계속 반복하기 　　- 만일 '왼쪽 화살표' 키가 눌러져 있는가? 라면 　　　└ 방향을 '270°' 로 정하기 　　　└ 이동 방향으로 ' -(ㄱ) ' 만큼 움직이기 　　- 만일 '오른쪽 화살표' 키가 눌러져 있는가? 라면 　　　└ 방향을 '90°' 로 정하기 　　　└ 이동 방향으로 ' (ㄴ) ' 만큼 움직이기 　　- 만일 '위쪽 화살표' 키가 눌러져 있는가? 라면 　　　└ 방향을 '0°' 로 정하기 　　　└ 이동 방향으로 ' (ㄷ) ' 만큼 움직이기 　　- 만일 '아래쪽 화살표' 키가 눌러져 있는가? 라면 　　　└ 방향을 '180°' 로 정하기 　　　└ 이동 방향으로 ' -(ㄹ) ' 만큼 움직이기 　　- 만일 '거미' 에 닿았는가? 라면 　　　└ '으악!' 을 '2' 초 동안 '말하기' 　　　└ '2' 초 기다리기 　　- 만일 '벚꽃' 에 닿았는가? 라면 　　　└ '성공!' 을 '말하기' 　　　└ '2' 초 기다리기 　　　└ 모양 숨기기 　　　└ '다른 오브젝트의' 코드 멈추기	

MEMO

CHAPTER

모의고사

모의고사 제 1 회

코딩활용능력
(CAT; CODING ABILITY TEST)

◉ 시험과목 : 코딩활용능력 3급 (엔트리)
◉ 시험일자 : 2025. 00. 00.(토)
◉ 응시자 기재사항 및 감독위원 확인

수 검 번 호	CAT - 2500 -	감독위원 확인

응시자 유의사항

1. 응시자는 신분증 또는 동등한 자격을 갖춘 증빙서류를 지참하여야 시험에 응시할 수 있으며, 시험이 종료될 때까지 신분증을 제시하지 못할 경우 해당 시험은 0점 처리됩니다.

2. 시스템(PC 작동 여부, 네트워크 상태 등)의 이상 여부를 반드시 확인하여야 하며, 시스템 이상이 있을 시 감독위원에게 조치를 받으셔야 합니다.

3. 시험 중 시스템 오류 또는 시스템 다운 증상에 대해서는 응시자 본인에게 책임이 있습니다.

4. 시험 중 부주의 또는 고의로 시스템을 파손한 경우는 응시자 부담으로 합니다.

5. **엔트리 버전은 최소 2.0.53 이상을 사용하여야 하며**, 답안 전송 프로그램을 통하여 배포 받은 파일에 답안을 작성하시기 바랍니다. 감독위원의 지시에 따라 주시기 바랍니다.

6. 작성한 답안 파일은 답안 전송 프로그램을 통하여 자동으로 전송됩니다.

7. 다음 사항의 경우 실격(0점) 혹은 부정행위 처리됩니다.

   ❶ 답안을 저장하지 않았거나, 저장한 파일이 손상되었을 경우

   ❷ 답안 파일을 다른 보조 기억장치(USB) 혹은 네트워크(메신저, 게시판 등)로 전송할 경우

   ❸ 휴대용 전화기 등 통신장비를 사용할 경우

8. 시험을 완료한 응시자는 답안을 저장하고, 답안 파일이 전송되었는지 확인한 후 감독위원의 지시에 따라 문제지를 제출한 후 퇴실하여야 합니다.

9. 시험시간이 종료된 이후에는 답안의 수정 또는 정정이 불가합니다.

10. 시험시행 후 결과는 홈페이지(www.ihd.or.kr)에서 확인하시기 바랍니다.

    ❶ 문제 및 정답 공개 : 2025. 00. 00.(화)

    ❷ 합격자 발표 : 2025. 00. 00.(금)

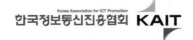

한국정보통신진흥협회 KAIT

유의사항

- 각 문제의 정답은 다음과 같은 규칙으로 ENT 파일을 저장하시오.
  - 저장 위치 : 바탕 화면 > KAIT > 제출파일 폴더
  - 파일명 : CAT-수검번호-이름.ent
    ※ 예시 : 수검번호가 CAT-2500-000000이고 수험자 이름이 홍길동인 경우
    " **CAT-000000-홍길동.ent** "로 저장할 것
- 수검 시 **지문 순서대로 작업**하며, 오브젝트 및 블록 등을 임의 추가 시 감점 처리됨
- 【문제 2】는 블록코딩을 원칙으로 하며, 오브젝트 설정 창에서 설정 시 감점 처리됨

프로젝트 설명

미사일과 별 아이템이 위에서 아래로 떨어진다. 화살표로 로켓을 좌우로 움직인다. 로켓이 미사일에 맞으면 크기가 줄어들고, 색깔이 변경된다. 로켓이 별 아이템에 맞으면, '아이템 획득'이라고 말하고, 크기가 커진다. 로켓의 크기가 50보다 작아지면, '게임 오버'라고 말하고 모든 코드를 멈춘다.

【문제 1】 다음 [처리조건]에 따라 배경 및 오브젝트를 설정하시오. (10점)

▶ **배경 설정하기**

[처리조건]	[배경]
◎ '우주정거장' 배경 불러오기 - 이름 **변경 없음**	우주정거장

▶ **오브젝트 설정하기** (오브젝트는 순서대로 불러올 것)

[처리조건]	[오브젝트]
① '반짝이는 별' 오브젝트를 불러오기 - 이름을 '**별 아이템**'으로 변경하기 ② '총알' 오브젝트를 불러오기 - 이름을 '**미사일**'로 변경하기 ③ '로켓(3)' 오브젝트를 불러오 - 이름을 '**로켓**'으로 변경하기 ④ '별똥별(1)' 오브젝트를 불러오기 - 이름을 '**별똥별**'로 변경하기 ※ 기존의 '엔트리봇' 오브젝트는 삭제한다.	① 반짝이는 별 ② 총알 ③ 로켓(3) ④ 별똥별(1)

【문제 2】 [전체블록]을 모두 사용하여 [처리조건]에 따라 오브젝트를 코딩하시오. (90점)

▶ '별 아이템' 오브젝트

 '별 아이템' 오브젝트가 위에서 아래로 떨어진다. '별 아이템' 오브젝트가 벽에 닿으면 무작위 수 위치로 이동한다.

[처리조건]	[전체블록]
◎ 시작하기 버튼을 클릭했을 때 • x: '-230 부터 230 사이의 무작위 수' 　y: '120' 위치로 이동하기 • 이동 방향을 '180°' 로 정하기 • 계속 반복하기 　- 이동 방향으로 '1' 만큼 움직이기 　- 만일 '벽' 에 닿았는가? 라면 　　└ x: '-230 부터 230 사이의 무작위 수' 　　　y: '100' 위치로 이동하기	마우스포인터▼ 에 닿았는가?　0 부터 0 사이의 무작위 수 ▶ 시작하기 버튼을 클릭했을 때 이동 방향으로 0 만큼 움직이기 계속 반복하기　만일 참 (이)라면 이동 방향을 0° (으)로 정하기 만일 참 (이)라면 x: 0 y: 0 위치로 이동하기

▶ '미사일' 오브젝트

 '미사일' 오브젝트가 위에서 아래로 떨어진다. '미사일' 오브젝트가 벽에 닿으면, 위치가 무작위 수의 위치로 이동한다.

[처리조건]	[전체블록]
◎ 시작하기 버튼을 클릭했을 때 • 크기를 '40' 으로 정하기 • 방향을 '180°' 만큼 회전하기 • x: '-230 부터 230 사이의 무작위 수' 　y: '100' 위치로 이동하기 • 계속 반복하기 　- '0.1' 초 동안 x: '0' y: '-20' 만큼 움직이기 　- 만일 '벽' 에 닿았는가? 라면 　　└ x: '-230 부터 230 사이의 무작위 수' 　　　y: '100' 위치로 이동하기	

▶ '로켓' 오브젝트

화살표키를 이용해 '로켓' 오브젝트를 좌우로 이동한다. '로켓' 오브젝트가 '미사일' 오브젝트에 닿으면, 크기가 '10' 만큼 작아지고 색깔을 바꾼다. '로켓' 오브젝트가 '별 아이템' 오브젝트에 닿으면 '10' 만큼 크기가 커지고 '아이템 획득'이라고 말한다.

[처리조건]	[전체블록]

① 시작하기 버튼을 클릭했을 때
- x: '0' y: '-80' 위치로 이동하기
- 계속 반복하기
  - 만일 '미사일' 에 닿았는가? 라면
    └ '색깔' 효과를 '10' 만큼 주기
    └ 크기를 '-10' 만큼 바꾸기
    └ '0.3' 초 기다리기
  - 만일 '별 아이템' 에 닿았는가? 라면
    └ 크기를 ' (ㄱ) ' 만큼 바꾸기
    └ '아이템 획득' 을 '1' 초 동안 '말하기'
  - 만일 '로켓' 의 '크기' < '50' 이라면
    └ '게임 오버!' 를 '0.5' 초 동안 '말하기'
    └ '모든' 코드 멈추기
② '왼쪽 화살표' 키를 눌렀을 때
- x 좌표를 '-10' 만큼 바꾸기
③ '오른쪽 화살표' 키를 눌렀을 때
- x 좌표를 '10' 만큼 바꾸기

▶ '별똥별' 오브젝트

'별똥별' 오브젝트가 무작위 수 위치에서 대각선 아래 방향으로 떨어진다.

[처리조건]	[전체블록]

◎ 시작하기 버튼을 클릭했을 때
- x: '-230 부터 230 사이의 무작위 수'
  y: '130' 위치로 이동하기
- 크기를 '50' 으로 정하기
- 계속 반복하기
  - y 좌표를 '-10' 만큼 바꾸기
  - x 좌표를 '-10' 만큼 바꾸기
  - '0.1' 초 기다리기

코딩활용능력
(CAT; CODING ABILITY TEST)

● 시험과목 : 코딩활용능력 3급 (엔트리)
● 시험일자 : 2025. 00. 00.(토)
● 응시자 기재사항 및 감독위원 확인

A

수 검 번 호	CAT - 2500 -	감독위원 확인

응시자 유의사항

1. 응시자는 신분증 또는 동등한 자격을 갖춘 증빙서류를 지참하여야 시험에 응시할 수 있으며, 시험이 종료될 때까지 신분증을 제시하지 못할 경우 해당 시험은 0점 처리됩니다.

2. 시스템(PC 작동 여부, 네트워크 상태 등)의 이상 여부를 반드시 확인하여야 하며, 시스템 이상이 있을 시 감독위원에게 조치를 받으셔야 합니다.

3. 시험 중 시스템 오류 또는 시스템 다운 증상에 대해서는 응시자 본인에게 책임이 있습니다.

4. 시험 중 부주의 또는 고의로 시스템을 파손한 경우는 응시자 부담으로 합니다.

5. **엔트리 버전은 최소 2.0.53 이상을 사용하여야 하며,** 답안 전송 프로그램을 통하여 배포 받은 파일에 답안을 작성하시기 바랍니다. 감독위원의 지시에 따라 주시기 바랍니다.

6. 작성한 답안 파일은 답안 전송 프로그램을 통하여 자동으로 전송됩니다.

7. 다음 사항의 경우 실격(0점) 혹은 부정행위 처리됩니다.

   ❶ 답안을 저장하지 않았거나, 저장한 파일이 손상되었을 경우

   ❷ 답안 파일을 다른 보조 기억장치(USB) 혹은 네트워크(메신저, 게시판 등)로 전송할 경우

   ❸ 휴대용 전화기 등 통신장비를 사용할 경우

8. 시험을 완료한 응시자는 답안을 저장하고, 답안 파일이 전송되었는지 확인한 후 감독위원의 지시에 따라 문제지를 제출한 후 퇴실하여야 합니다.

9. 시험시간이 종료된 이후에는 답안의 수정 또는 정정이 불가합니다.

10. 시험시행 후 결과는 홈페이지(www.ihd.or.kr)에서 확인하시기 바랍니다.

    ❶ 문제 및 정답 공개 : 2025. 00. 00.(화)

    ❷ 합격자 발표 : 2025. 00. 00.(금)

Korea Association for ICT Promotion
한국정보통신진흥협회 **KAIT**

유의사항

- 각 문제의 정답은 다음과 같은 규칙으로 ENT 파일을 저장하시오.
  - 저장 위치 : 바탕 화면 > KAIT > 제출파일 폴더
  - 파일명 : CAT-수검번호-이름.ent
  - ※ 예시 : 수검번호가 CAT-2500-000000이고 수험자 이름이 홍길동인 경우
    " **CAT-000000-홍길동.ent** "로 저장할 것
- 수검 시 **지문 순서대로 작업**하며, 오브젝트 및 블록 등을 임의 추가 시 감점 처리됨
- 【문제 2】는 블록코딩을 원칙으로 하며, 오브젝트 설정 창에서 설정 시 감점 처리됨

프로젝트 설명

매미와 고추잠자리는 무작위 수 위치로 이동한다. 노란 새가 매미와 고추잠자리를 잡기 위해 화살표키를 이용해 이동한다. 노란 새가 매미나 고추잠자리를 잡으면 노란 새의 크기가 커진다. 크기가 150 이상이면 '배부르다'라고 말하고 모든 코드를 멈춘다.

【문제 1】 다음 [처리조건]에 따라 배경 및 오브젝트를 설정하시오. (10점)

▶ 배경 설정하기

[처리조건]	[배경]
◎ '잔디 언덕(2)' 배경 불러오기 - 이름을 '**잔디언덕**'으로 변경하기	잔디언덕(2)

▶ 오브젝트 설정하기 (오브젝트는 순서대로 불러올 것)

[처리조건]	[오브젝트]

① '[묶음] 새' 오브젝트를 불러오기
  - 이름을 '**노란 새**'로 변경하기
② '매미(2)' 오브젝트를 불러오기
  - 이름을 '**매미**'로 변경하기
③ '고추잠자리' 오브젝트를 불러오기
  - 이름 **변경 없음**
※ 기존의 '엔트리봇' 오브젝트는 삭제한다.
	① [묶음] 새　② 매미(2)
	
	③ 고추잠자리

【문제 2】 [전체블록]을 모두 사용하여 [처리조건]에 따라 오브젝트를 코딩하시오. (90점)

▶ '노란 새' 오브젝트

 화살표키를 이용해 '노란 새' 오브젝트를 이동한다. '노란 새' 오브젝트가 '매미' 또는 '고추잠자리' 오브젝트에 닿으면 크기가 커지고 '잡았다'라고 말한다. 크기가 '150' 이상이면 '아~ 배부르다!'라고 말하고 모든 코드를 멈춘다.

[처리조건]	[전체블록]
① 시작하기 버튼을 클릭했을 때 　• 크기를 '100' 으로 정하기 　• 이동 방향을 '270°' 로 정하기 　• 계속 반복하기 　　- 만일 '매미' 에 닿았는가? 라면 　　　└ 크기를 '10' 만큼 바꾸기 　　　└ '잡았다!' 를 '1' 초 동안 '말하기' 　　- 만일 '고추잠자리' 에 닿았는가? 라면 　　　└ 크기를 '10' 만큼 바꾸기 　　　└ '잡았다!' 를 '1' 초 동안 '말하기' 　　- 만일 '노란 새' 의 '크기' ≥ '　(ㄱ)　' 이라면 　　　└ '아~ 배부르다!' 를 '1' 초 동안 '말하기' 　　　└ '모든' 코드 멈추기 ② '아래쪽 화살표' 키를 눌렀을 때 　• y 좌표를 '-10' 만큼 바꾸기 ③ '위쪽 화살표' 키를 눌렀을 때 　• y 좌표를 '10' 만큼 바꾸기 ④ '오른쪽 화살표' 키를 눌렀을 때 　• 방향을 '180'으로 정하기 　• x 좌표를 '10' 만큼 바꾸기 ⑤ '왼쪽 화살표' 키를 눌렀을 때 　• 방향을 '0'으로 정하기 　• x 좌표를 '-10' 만큼 바꾸기	시작하기 버튼을 클릭했을 때 크기를 ⓪ (으)로 정하기 안녕! 을(를) ⓪ 초 동안 말하기▼ 자신▼ 의 x좌푯값▼ 모든▼ 코드 멈추기 10 ≥ 10 q▼ 키를 눌렀을 때 y 좌표를 ⓪ 만큼 바꾸기 이동 방향을 0° (으)로 정하기 방향을 0° (으)로 정하기 만일 참 (이)라면 마우스포인터▼ 에 닿았는가? x 좌표를 ⓪ 만큼 바꾸기 계속 반복하기 크기를 ⓪ 만큼 바꾸기

▶ '매미' 오브젝트

'매미' 오브젝트가 무작위 수의 위치로 이동한다. '노란 새' 오브젝트에 닿으면 색깔을 바꾼다.

[처리조건]	[전체블록]
◎ 시작하기 버튼을 클릭했을 때 • x: '230' y: '60' 위치로 이동하기 • 계속 반복하기 　- '3' 초 동안 　　x: '-230 부터 230 사이의 무작위 수' 　　y: '0 부터 130 사이의 무작위 수' 　　위치로 이동하기 　- 만일 '노란 새' 에 닿았는가? 라면 　　└ '색깔' 효과를 '30' 만큼 주기 　　└ '0.5' 초 기다리기 　　└ '색깔' 효과를 '-30' 만큼 주기 　　└ '0.5' 초 기다리기	

▶ '고추잠자리' 오브젝트

'고추잠자리' 오브젝트가 무작위 수 위치로 이동한다. '노란 새' 오브젝트에 닿으면 색깔을 바꾼다.

[처리조건]	[전체블록]
◎ 시작하기 버튼을 클릭했을 때 • x: '-200' y: '-50' 위치로 이동하기 • 크기를 '50' 으로 정하기 • 계속 반복하기 　- '3' 초 동안 　　x: '-230 부터 230 사이의 무작위 수' 　　y: '-130 부터 0 사이의 무작위 수' 　　위치로 이동하기 　- 만일 '노란 새' 에 닿았는가? 라면 　　└ '색깔' 효과를 '30' 만큼 주기 　　└ '0.5' 초 기다리기 　　└ '색깔' 효과를 '-30' 만큼 주기 　　└ '0.5' 초 기다리기	

코딩활용능력
(CAT; CODING ABILITY TEST)

◉ 시험과목 : 코딩활용능력 3급 (엔트리)
◉ 시험일자 : 2025. 00. 00.(토)
◉ 응시자 기재사항 및 감독위원 확인

수 검 번 호	CAT - 2500 -	감독위원 확인

응시자 유의사항

1. 응시자는 신분증 또는 동등한 자격을 갖춘 증빙서류를 지참하여야 시험에 응시할 수 있으며, 시험이 종료될 때까지 신분증을 제시하지 못할 경우 해당 시험은 0점 처리됩니다.

2. 시스템(PC 작동 여부, 네트워크 상태 등)의 이상 여부를 반드시 확인하여야 하며, 시스템 이상이 있을 시 감독위원에게 조치를 받으셔야 합니다.

3. 시험 중 시스템 오류 또는 시스템 다운 증상에 대해서는 응시자 본인에게 책임이 있습니다.

4. 시험 중 부주의 또는 고의로 시스템을 파손한 경우는 응시자 부담으로 합니다.

5. **엔트리 버전은 최소 2.0.53 이상을 사용**하여야 하며, 답안 전송 프로그램을 통하여 배포 받은 파일에 답안을 작성하시기 바랍니다. 감독위원의 지시에 따라 주시기 바랍니다.

6. 작성한 답안 파일은 답안 전송 프로그램을 통하여 자동으로 전송됩니다.

7. 다음 사항의 경우 실격(0점) 혹은 부정행위 처리됩니다.
   ❶ 답안을 저장하지 않았거나, 저장한 파일이 손상되었을 경우
   ❷ 답안 파일을 다른 보조 기억장치(USB) 혹은 네트워크(메신저, 게시판 등)로 전송할 경우
   ❸ 휴대용 전화기 등 통신장비를 사용할 경우

8. 시험을 완료한 응시자는 답안을 저장하고, 답안 파일이 전송되었는지 확인한 후 감독위원의 지시에 따라 문제지를 제출한 후 퇴실하여야 합니다.

9. 시험시간이 종료된 이후에는 답안의 수정 또는 정정이 불가합니다.

10. 시험시행 후 결과는 홈페이지(www.ihd.or.kr)에서 확인하시기 바랍니다.
    ❶ 문제 및 정답 공개 : 2025. 00. 00.(화)
    ❷ 합격자 발표 : 2025. 00. 00.(금)

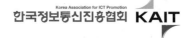

Korea Association for ICT Promotion
한국정보통신진흥협회 KAIT

유 의 사 항

- 각 문제의 정답은 다음과 같은 규칙으로 ENT 파일을 저장하시오.
  - 저장 위치 : 바탕 화면 > KAIT > 제출파일 폴더
  - 파일명 : CAT-수검번호-이름.ent
    ※ 예시 : 수검번호가 CAT-2500-000000이고 수험자 이름이 홍길동인 경우
    " **CAT-000000-홍길동.ent** "로 저장할 것
- 수검 시 지문 순서대로 작업하며, 오브젝트 및 블록 등을 임의 추가 시 감점 처리됨
- 【문제 2】는 블록코딩을 원칙으로 하며, 오브젝트 설정 창에서 설정 시 감점 처리됨

프로젝트 설명

돋보기는 마우스포인터를 따라다닌다.
돋보기를 고추잠자리에 가져가면 날개를 펄럭이며 모양을 바꾼다. 돋보기를 개미에 가져가면 개미의 크기가 커졌다 작아진다. 돋보기를 매미에 가져가면 매미가 "맴맴"이라고 말한다.

【문제 1】 다음 [처리조건]에 따라 배경 및 오브젝트를 설정하시오. (10점)

▶ 배경 설정하기

[처리조건]	[배경]	
◎ '학교 배경' 배경 불러오기 　- 이름을 '**교실**'로 변경하기	학교 배경	

▶ 오브젝트 설정하기 (오브젝트는 순서대로 불러올 것)

[처리조건]	[오브젝트]	
① '돋보기' 오브젝트를 불러오기 　- 이름 **변경 없음** ② '매미' 오브젝트를 불러오기 　- 이름을 '**노래하는 매미**'로 변경하기 ③ '고추잠자리' 오브젝트를 불러오기 　- 이름을 '**비행하는 잠자리**'로 변경하기 ④ '개미' 오브젝트를 불러오기 　- 이름을 '**커지는 개미**'로 변경하기 ※ 기존의 '엔트리봇' 오브젝트는 삭제한다.	① 돋보기　　　② 매미 ③ 고추잠자리　④ 개미	

【문제 2】 [전체블록]을 모두 사용하여 [처리조건]에 따라 오브젝트를 코딩하시오. (90점)

▶ '돋보기' 오브젝트

'돋보기' 오브젝트를 클릭하면 투명해지고, 마우스 포인터를 따라다닌다.

[처리조건]	[전체블록]
◎ 오브젝트를 클릭했을 때 　- '투명도' 효과를 '50' 으로 정하기 　- 계속 반복하기 　　└ '마우스포인터' 위치로 이동하기	색깔 ▼ 효과를 ⓪ (으)로 정하기 계속 반복하기 마우스포인터 ▼ 위치로 이동하기 오브젝트를 클릭했을 때

▶ '노래하는 매미' 오브젝트

'노래하는 매미' 오브젝트가 '돋보기' 오브젝트에 닿으면 '맴맴'이라고 말한다.

[처리조건]	[전체블록]
◎ 시작하기 버튼을 클릭했을 때 　• 크기를 '50' 으로 정하기 　• x: '200' y: '0' 위치로 이동하기 　• 계속 반복하기 　　- 만일 '돋보기' 에 닿았는가? 라면 　　　└ '맴맴' 을 '1' 초 동안 '말하기'	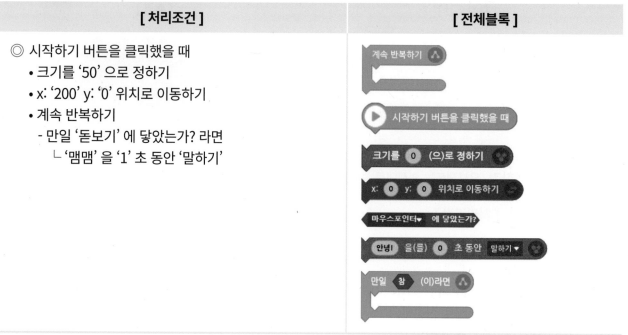

▶ '비행하는 잠자리' 오브젝트

 '비행하는 잠자리' 오브젝트가 '돋보기' 오브젝트에 닿으면 날개짓을 하는 모양으로 바뀐다.

[처리조건]	[전체블록]
◎ 시작하기 버튼을 클릭했을 때 　• x: '-130' y: '0' 위치로 이동하기 　• 계속 반복하기 　　- 만일 '돋보기' 에 닿았는가? 라면 　　　└ '다음' 모양으로 바꾸기 　　　└ '0.1' 초 기다리기 　　　└ '다음' 모양으로 바꾸기 　　　└ '0.1' 초 기다리기	

▶ '커지는 개미' 오브젝트

 '커지는 개미' 오브젝트가 '돋보기' 오브젝트에 닿으면 크기가 '40' 만큼 커졌다 작아진다.

[처리조건]	[전체블록]
◎ 시작하기 버튼을 클릭했을 때 　• x: '100' y: '0' 위치로 이동하기 　• 크기를 '70' 으로 정하기 　• 계속 반복하기 　　- 만일 '돋보기' 에 닿았는가? 라면 　　　└ 크기를 ' (ㄱ) ' 만큼 바꾸기 　　　└ '1' 초 기다리기 　　　└ 크기를 '-40' 만큼 바꾸기 　　　└ '1' 초 기다리기	

코딩활용능력
(CAT; CODING ABILITY TEST)

◉ 시험과목 : 코딩활용능력 3급 (엔트리)
◉ 시험일자 : 2025. 00. 00.(토)
◉ 응시자 기재사항 및 감독위원 확인

수 검 번 호	CAT - 2500 -	감독위원 확인

응시자 유의사항

1. 응시자는 신분증 또는 동등한 자격을 갖춘 증빙서류를 지참하여야 시험에 응시할 수 있으며, 시험이 종료될 때까지 신분증을 제시하지 못할 경우 해당 시험은 0점 처리됩니다.

2. 시스템(PC 작동 여부, 네트워크 상태 등)의 이상 여부를 반드시 확인하여야 하며, 시스템 이상이 있을 시 감독위원에게 조치를 받으셔야 합니다.

3. 시험 중 시스템 오류 또는 시스템 다운 증상에 대해서는 응시자 본인에게 책임이 있습니다.

4. 시험 중 부주의 또는 고의로 시스템을 파손한 경우는 응시자 부담으로 합니다.

5. 엔트리 버전은 최소 2.0.53 이상을 사용하여야 하며, 답안 전송 프로그램을 통하여 배포 받은 파일에 답안을 작성하시기 바랍니다. 감독위원의 지시에 따라 주시기 바랍니다.

6. 작성한 답안 파일은 답안 전송 프로그램을 통하여 자동으로 전송됩니다.

7. 다음 사항의 경우 실격(0점) 혹은 부정행위 처리됩니다.

   ❶ 답안을 저장하지 않았거나, 저장한 파일이 손상되었을 경우
   ❷ 답안 파일을 다른 보조 기억장치(USB) 혹은 네트워크(메신저, 게시판 등)로 전송할 경우
   ❸ 휴대용 전화기 등 통신장비를 사용할 경우

8. 시험을 완료한 응시자는 답안을 저장하고, 답안 파일이 전송되었는지 확인한 후 감독위원의 지시에 따라 문제지를 제출한 후 퇴실하여야 합니다.

9. 시험시간이 종료된 이후에는 답안의 수정 또는 정정이 불가합니다.

10. 시험시행 후 결과는 홈페이지(www.ihd.or.kr)에서 확인하시기 바랍니다.

   ❶ 문제 및 정답 공개 : 2025. 00. 00.(화)
   ❷ 합격자 발표 : 2025. 00. 00.(금)

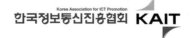

한국정보통신진흥협회 KAIT

유 의 사 항

- 각 문제의 정답은 다음과 같은 규칙으로 ENT 파일을 저장하시오.
  - 저장 위치 : 바탕 화면 > KAIT > 제출파일 폴더
  - 파일명 : CAT-수검번호-이름.ent
    ※ 예시 : 수검번호가 CAT-2500-000000이고 수험자 이름이 홍길동인 경우
    " **CAT-000000-홍길동.ent** "로 저장할 것
- 수검 시 **지문 순서대로 작업**하며, 오브젝트 및 블록 등을 임의 추가 시 감점 처리됨
- **【문제 2】**는 블록코딩을 원칙으로 하며, 오브젝트 설정 창에서 설정 시 감점 처리됨

프로젝트 설명

보라색 막대로 야구공을 팅기면 야구공이 색깔이 변한다. 팅긴 야구공이 노란 풍선을 맞추면 노란 풍선이 우는 모양으로 바뀌고 크기가 작아진다. 꽃이 무작위 수 위치로 이동하며 보였다 안 보였다 한다.

【문제 1】 다음 [처리조건]에 따라 배경 및 오브젝트를 설정하시오. (10점)

▶ **배경 설정하기**

[처리조건]	[배경]
◎ '잔디밭' 배경 불러오기 - 이름 **변경 없음**	잔디밭

▶ **오브젝트 설정하기** (오브젝트는 순서대로 불러올 것)

[처리조건]	[오브젝트]	
① '야구공' 오브젝트를 불러오기 - 이름 **변경 없음** ② '판' 오브젝트를 불러오기 - 이름 '**막대**'로 변경하기 ③ '풍선' 오브젝트를 불러오기 - 이름을 '**노란 풍선**'으로 변경하기 ④ '하얀 꽃 스티커' 오브젝트를 불러오기 - 이름을 '**하얀 꽃**'으로 변경하기 ※ 기존의 '엔트리봇' 오브젝트는 삭제한다.	① 야구공 ③ 풍선	② 판 ④ 하얀 꽃 스티커

【문제 2】 [전체블록]을 모두 사용하여 [처리조건]에 따라 오브젝트를 코딩하시오. (90점)

▶ '야구공' 오브젝트

 '야구공' 오브젝트가 이동방향으로 움직이다가 화면 끝에 닿으면 튕긴다. '야구공' 오브젝트가 '막대' 오프젝트에 닿으면 튕기고, 바닥에 닿으면 모든 코드가 멈춘다.

[처리조건]	[전체블록]
① 시작하기 버튼을 클릭했을 때 　• x: '0' y: '100' 위치로 이동하기 　• 방향을 '30°' 만큼 회전하기 　• 크기를 '50' 으로 정하기 　• 계속 반복하기 　　- 만일 '막대' 에 닿았는가? 라면 　　　└ 방향을 '-60 부터 60 사이의 무작위 수' 로 정하기 　　　└ '색깔' 효과를 '0 부터 100 사이의 무작위 수' 로 정하기 　　- 만일 '아래쪽 벽' 에 닿았는가? 라면 　　　└ 모양 숨기기 　　　└ '모든' 코드 멈추기 ② 시작하기 버튼을 클릭했을 때 　• 계속 반복하기 　　- 이동 방향으로 '5' 만큼 움직이기 　　- 화면 끝에 닿으면 튕기기	

▶ '막대' 오브젝트

'막대' 오브젝트는 마우스 포인터 위치로 이동한다.

[처리조건]	[전체블록]
◎ 시작하기 버튼을 클릭했을 때 　• 계속 반복하기 　　- x: '마우스 x 좌표' 위치로 이동하기	

▶ '노란 풍선' 오브젝트

'노란 풍선' 오브젝트가 왼쪽에서 오른쪽으로 이동한다. '노란 풍선' 오브젝트가 '야구공' 오브젝트에 닿으면 우는 모양으로 바뀌고 크기가 '-10' 만큼 작아진다.

[처리조건]	[전체블록]
① 시작하기 버튼을 클릭했을 때 　• 크기를 '80' 으로 정하기 　• x: '-240' y: '100' 위치로 이동하기 　• 계속 반복하기 　　- '풍선_웃는' 모양으로 바꾸기 　　- x 좌표를 '10' 만큼 바꾸기 　　- '1' 초 기다리기 ② 시작하기 버튼을 클릭했을 때 　• 계속 반복하기 　　- 만일 '오른쪽 벽' 에 닿았다면 　　　└ x: '-240' y: '130' 위치로 이동하기 　　- 만일 '야구공' 에 닿았다면 　　　└ '풍선_우는' 모양으로 바꾸기 　　　└ 크기를 '　(ㄱ)　' 만큼 바꾸기 　　　└ '1' 초 기다리기	

▶ '하얀 꽃' 오브젝트

'하얀 꽃' 오브젝트는 무작위 수 위치에 보였다 안보였다 한다.

[처리조건]	[전체블록]
◎ 시작하기 버튼을 클릭했을 때 　• 크기를 '50' 으로 정하기 　• 계속 반복하기 　　- x: '-240' 부터 '240' 사이의 무작위 수 　　　y: '-130' 부터 '130' 사이의 무작위 수 　　　위치로 이동하기 　　- 모양 보이기 　　- '1' 초 기다리기 　　- 모양 숨기기 　　- '1' 초 기다리기	

코딩활용능력
(CAT; CODING ABILITY TEST)

◉ 시험과목 : 코딩활용능력 3급 (엔트리)
◉ 시험일자 : 2025. 00. 00.(토)
◉ 응시자 기재사항 및 감독위원 확인

수 검 번 호	CAT - 2500 -	감독위원 확인

응시자 유의사항

1. 응시자는 신분증 또는 동등한 자격을 갖춘 증빙서류를 지참하여야 시험에 응시할 수 있으며, 시험이 종료될 때까지 신분증을 제시하지 못할 경우 해당 시험은 0점 처리됩니다.

2. 시스템(PC 작동 여부, 네트워크 상태 등)의 이상 여부를 반드시 확인하여야 하며, 시스템 이상이 있을 시 감독위원에게 조치를 받으셔야 합니다.

3. 시험 중 시스템 오류 또는 시스템 다운 증상에 대해서는 응시자 본인에게 책임이 있습니다.

4. 시험 중 부주의 또는 고의로 시스템을 파손한 경우는 응시자 부담으로 합니다.

5. 엔트리 버전은 최소 2.0.53 이상을 사용하여야 하며, 답안 전송 프로그램을 통하여 배포 받은 파일에 답안을 작성하시기 바랍니다. 감독위원의 지시에 따라 주시기 바랍니다.

6. 작성한 답안 파일은 답안 전송 프로그램을 통하여 자동으로 전송됩니다.

7. 다음 사항의 경우 실격(0점) 혹은 부정행위 처리됩니다.
   ❶ 답안을 저장하지 않았거나, 저장한 파일이 손상되었을 경우
   ❷ 답안 파일을 다른 보조 기억장치(USB) 혹은 네트워크(메신저, 게시판 등)로 전송할 경우
   ❸ 휴대용 전화기 등 통신장비를 사용할 경우

8. 시험을 완료한 응시자는 답안을 저장하고, 답안 파일이 전송되었는지 확인한 후 감독위원의 지시에 따라 문제지를 제출한 후 퇴실하여야 합니다.

9. 시험시간이 종료된 이후에는 답안의 수정 또는 정정이 불가합니다.

10. 시험시행 후 결과는 홈페이지(www.ihd.or.kr)에서 확인하시기 바랍니다.
    ❶ 문제 및 정답 공개 : 2025. 00. 00.(화)
    ❷ 합격자 발표 : 2025. 00. 00.(금)

Korea Association for ICT Promotion
한국정보통신진흥협회 KAIT

유 의 사 항

- 각 문제의 정답은 다음과 같은 규칙으로 ENT 파일을 저장하시오.
  - 저장 위치 : 바탕 화면 > KAIT > 제출파일 폴더
  - 파일명 : CAT-수검번호-이름.ent
  ※ 예시 : 수검번호가 CAT-2500-000000이고 수험자 이름이 홍길동인 경우
     " **CAT-000000-홍길동.ent** "로 저장할 것
- 수검 시 **지문 순서대로 작업**하며, 오브젝트 및 블록 등을 임의 추가 시 감점 처리됨
- **【문제 2】는 블록코딩을 원칙**으로 하며, 오브젝트 설정 창에서 설정 시 감점 처리됨

프로젝트 설명

바닷속에 물고기가 헤엄치고 있다. 노란 복어는 왼쪽 벽과 오른쪽 벽 사이로 왔다 갔다 하고, 복어를 빨간 물고기가 따라다닌다. 날씬한 해파리와 통통한 해파리가 바닷속을 헤엄친다. 마우스를 클릭하면 날씬한 해파리는 색깔을 바꾸고, 통통한 해파리는 투명하게 바꾼다.

【문제 1】 다음 [처리조건]에 따라 배경 및 오브젝트를 설정하시오. (10점)

▶ **배경 설정하기**

[처리조건]	[배경]
◎ '바닷속(4)' 배경 불러오기 - 이름을 '**바닷속**'으로 변경하기	바닷속(4)

▶ **오브젝트 설정하기** (오브젝트는 순서대로 불러올 것)

[처리조건]	[오브젝트]	
① '노란 복어' 오브젝트를 불러오기 - 이름 **변경 없음** ② '빨간 물고기' 오브젝트를 불러오기 - 이름 **변경 없음** ③ '짧은 해파리' 오브젝트를 불러오기 - 이름을 '**통통한 해파리**'로 변경하기 ④ '긴 해파리' 오브젝트를 불러오기 - 이름을 '**날씬한 해파리**'로 변경하기 ※ 기존의 '엔트리봇' 오브젝트는 삭제한다.	① 노란 복어	② 빨간 물고기
	③ 짧은 해파리	④ 긴 해파리

【문제 2】 [전체블록]을 모두 사용하여 [처리조건]에 따라 오브젝트를 코딩하시오. (90점)

▶ '노란 복어' 오브젝트

'노란 복어' 오브젝트는 왼쪽 벽과 오른쪽 벽 사이로 왔다 갔다 하고 벽에 닿으면 좌우 모양을 뒤집고 이동방향을 '180°' 만큼 회전한다.

[처리조건]	[전체블록]

◎ 시작하기 버튼을 클릭했을 때
• 좌우 모양 뒤집기
• 계속 반복하기
 - 이동 방향으로 '10' 만큼 움직이기
 - '0.1' 초 기다리기
 - 만일 '벽' 에 닿았는가? 라면
  └ 이동 방향을 '   (ㄱ)   ' 만큼 회전하기
  └ 좌우 모양 뒤집기

▶ '빨간 물고기' 오브젝트

'빨간 물고기' 오브젝트는 '노란 복어' 오브젝트를 바라보며 따라다닌다.

[처리조건]	[전체블록]
◎ 시작하기 버튼을 클릭했을 때 • 크기를 '50' 으로 정하기 • 계속 반복하기 - '2' 초 동안 '노란 복어' 위치로 이동하기	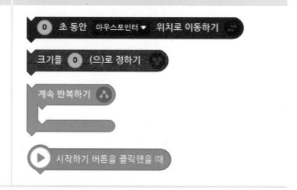

▶ '**통통한 해파리**' 오브젝트

 '통통한 해파리' 오브젝트는 바닷 속 무작위 수 위치로 헤엄친다. 마우스를 클릭하면 투명도 효과를 '50'으로 정하고, 마우스 클릭을 해제하면 '0'으로 정한다.

[처리조건]	[전체블록]
① 시작하기 버튼을 클릭했을 때 • 계속 반복하기 　- x: '-230' 부터 '230' 사이의 무작위 수 　 y: '-130' 위치로 이동하기 　- '4' 초 동안 　　x: '-230' 부터 '230' 사이의 무작위 수 　　y: '130' 위치로 이동하기 ② 마우스를 클릭했을 때 • '투명도' 효과를 '50' 으로 정하기 ③ 마우스 클릭을 해제했을 때 • '투명도' 효과를 '0' 으로 정하기	

▶ '**날씬한 해파리**' 오브젝트

 '날씬한 해파리' 오브젝트는 바닷속 무작위 수 위치로 헤엄친다. 마우스를 클릭하면 색깔 효과를 '50'으로 정하고, 마우스 클릭을 해제하면 '0'으로 정한다.

[처리조건]	[전체블록]
① 시작하기 버튼을 클릭했을 때 • 계속 반복하기 　- x: '-230' 부터 '230' 사이의 무작위 수 　 y: '-130' 위치로 이동하기 　- '5' 초 동안 　　x: '-230' 부터 '230' 사이의 무작위 수 　　y: '130' 위치로 이동하기 ② 마우스를 클릭했을 때 • '색깔' 효과를 '50' 으로 정하기 ③ 마우스 클릭을 해제했을 때 • '색깔' 효과를 '0' 으로 정하기	

코딩활용능력
(CAT; CODING ABILITY TEST)

모의고사 제6회

- ◉ 시험과목 : 코딩활용능력 3급 (엔트리)
- ◉ 시험일자 : 2025. 00. 00.(토)
- ◉ 응시자 기재사항 및 감독위원 확인

A

수 검 번 호	CAT - 2500 -	감독위원 확인

응시자 유의사항

1. 응시자는 신분증 또는 동등한 자격을 갖춘 증빙서류를 지참하여야 시험에 응시할 수 있으며, 시험이 종료될 때까지 신분증을 제시하지 못할 경우 해당 시험은 0점 처리됩니다.

2. 시스템(PC 작동 여부, 네트워크 상태 등)의 이상 여부를 반드시 확인하여야 하며, 시스템 이상이 있을 시 감독위원에게 조치를 받으셔야 합니다.

3. 시험 중 시스템 오류 또는 시스템 다운 증상에 대해서는 응시자 본인에게 책임이 있습니다.

4. 시험 중 부주의 또는 고의로 시스템을 파손한 경우는 응시자 부담으로 합니다.

5. **엔트리 버전은 최소 2.0.53 이상을 사용하여야** 하며, 답안 전송 프로그램을 통하여 배포 받은 파일에 답안을 작성하시기 바랍니다. 감독위원의 지시에 따라 주시기 바랍니다.

6. 작성한 답안 파일은 답안 전송 프로그램을 통하여 자동으로 전송됩니다.

7. 다음 사항의 경우 실격(0점) 혹은 부정행위 처리됩니다.

   ❶ 답안을 저장하지 않았거나, 저장한 파일이 손상되었을 경우

   ❷ 답안 파일을 다른 보조 기억장치(USB) 혹은 네트워크(메신저, 게시판 등)로 전송할 경우

   ❸ 휴대용 전화기 등 통신장비를 사용할 경우

8. 시험을 완료한 응시자는 답안을 저장하고, 답안 파일이 전송되었는지 확인한 후 감독위원의 지시에 따라 문제지를 제출한 후 퇴실하여야 합니다.

9. 시험시간이 종료된 이후에는 답안의 수정 또는 정정이 불가합니다.

10. 시험시행 후 결과는 홈페이지(www.ihd.or.kr)에서 확인하시기 바랍니다.

    ❶ 문제 및 정답 공개 : 2025. 00. 00.(화)

    ❷ 합격자 발표 : 2025. 00. 00.(금)

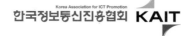

한국정보통신진흥협회 KAIT
Korea Association for ICT Promotion

유의사항

- 각 문제의 정답은 다음과 같은 규칙으로 ENT 파일을 저장하시오.
  - 저장 위치 : 바탕 화면 > KAIT > 제출파일 폴더
  - 파일명 : CAT-수검번호-이름.ent
  ※ 예시 : 수검번호가 CAT-2500-000000이고 수험자 이름이 홍길동인 경우
  " **CAT-000000-홍길동.ent** "로 저장할 것
- 수검 시 **지문 순서대로 작업**하며, 오브젝트 및 블록 등을 임의 추가 시 감점 처리됨
- 【문제 2】는 블록코딩을 원칙으로 하며, 오브젝트 설정 창에서 설정 시 감점 처리됨

프로젝트 설명

신호등이 초록, 노랑, 빨간, 꺼짐 순으로 모양이 바뀐다. 신호등이 초록색이 되면 차가 멈추고, 어린이가 길을 건넌다. 자동차가 왼쪽 벽에 닿으면 모든 코드를 멈춘다.

【문제 1】 다음 [처리조건]에 따라 배경 및 오브젝트를 설정하시오. (10점)

▶ 배경 설정하기

[처리조건]	[배경]
◎ '마을' 배경 불러오기 - 이름을 '**우리 동네**'로 변경하기	마을

▶ 오브젝트 설정하기 (오브젝트는 순서대로 불러올 것)

[처리조건]	[오브젝트]	
① '어린이(1)' 오브젝트를 불러오기 - 이름을 '**어린이**'로 변경하기 ② '자동차' 오브젝트를 불러오기 - 이름 **변경 없음** ③ '신호등(1)' 오브젝트를 불러오기 - 이름을 '**신호등 봉**'으로 변경하기 ④ '신호등(2)' 오브젝트를 불러오기 - 이름을 '**신호등**'으로 변경하기 ※ 기존의 '엔트리봇' 오브젝트는 삭제한다.	① 어린이(1) ③ 신호등(1)	② 자동차 ④ 신호등(2)

【문제 2】 [전체블록]을 모두 사용하여 [처리조건]에 따라 오브젝트를 코딩하시오. (90점)

▶ '어린이' 오브젝트

'어린이' 오브젝트가 '신호등' 오프젝트의 모양번호가 '1'이 되면 길을 건넌다.

[처리조건]	[전체블록]
◎ 시작하기 버튼을 클릭했을 때 　• 크기를 '80' 으로 정하기 　• 이동 방향을 '90°' 로 정하기 　• 계속 반복하기 　　- 만일 '신호등' 의 '모양 번호' = '1' 이라면 　　　└ '2' 초 동안 x: '어린이' 의 'x 좌푯값' 　　　　 y: '-100' 위치로 이동하기	

▶ '자동차' 오브젝트

'자동차' 오브젝트가 오른쪽에서 왼쪽으로 이동한다. '신호등' 오브젝트의 모양 이름이 '초록'이 되면 기다렸다가, 신호가 바뀌면 왼쪽으로 계속 이동한다. 벽에 닿으면 모든 코드를 멈춘다.

[처리조건]	[전체블록]
◎ 시작하기 버튼을 클릭했을 때 　• 좌우 모양 뒤집기 　• x: '200' y: '-40' 위치로 이동하기 　• 이동 방향을 '270°' 로 정하기 　• 계속 반복하기 　　- 이동 방향으로 '10' 만큼 움직이기 　　- '0.5' 초 기다리기 　　- 만일 '벽' 에 닿았는가? 라면 　　　└ '모든' 코드 멈추기 　　- 만일 '신호등' 의 '모양 이름' = '　(ㄱ)　' 이라면 　　　└ '2' 초 기다리기	

▶ '신호등 봉' 오브젝트

'신호등 봉' 오브젝트가 특정 위치로 이동한다.

[처리조건]	[전체블록]
◎ 시작하기 버튼을 클릭했을 때 　• x: '-100' y: '0' 위치로 이동하기	

▶ '신호등' 오브젝트

'신호등' 오브젝트가 2초 간격으로 다음 모양으로 바꾼다.

[처리조건]	[전체블록]
◎ 시작하기 버튼을 클릭했을 때 　• 크기를 '50' 으로 정하기 　• x: '-100' y: '60' 위치로 이동하기 　• 계속 반복하기 　　- '다음' 모양으로 바꾸기 　　- '2' 초 기다리기	크기를 ⓪ (으)로 정하기 x: ⓪ y: ⓪ 위치로 이동하기 계속 반복하기 ∧ 다음 ▼ 모양으로 바꾸기 ⓪ 초 기다리기 ∧ ▷ 시작하기 버튼을 클릭했을 때

코딩활용능력
(CAT: CODING ABILITY TEST)

● 시험과목 : 코딩활용능력 3급 (엔트리)
● 시험일자 : 2025. 00. 00.(토)
● 응시자 기재사항 및 감독위원 확인

수 검 번 호	CAT - 2500 -	감독위원 확인

응시자 유의사항

1. 응시자는 신분증 또는 동등한 자격을 갖춘 증빙서류를 지참하여야 시험에 응시할 수 있으며, 시험이 종료될 때까지 신분증을 제시하지 못할 경우 해당 시험은 0점 처리됩니다.

2. 시스템(PC 작동 여부, 네트워크 상태 등)의 이상 여부를 반드시 확인하여야 하며, 시스템 이상이 있을 시 감독위원에게 조치를 받으셔야 합니다.

3. 시험 중 시스템 오류 또는 시스템 다운 증상에 대해서는 응시자 본인에게 책임이 있습니다.

4. 시험 중 부주의 또는 고의로 시스템을 파손한 경우는 응시자 부담으로 합니다.

5. **엔트리 버전은 최소 2.0.53 이상을 사용하여야 하며,** 답안 전송 프로그램을 통하여 배포 받은 파일에 답안을 작성하시기 바랍니다. 감독위원의 지시에 따라 주시기 바랍니다.

6. 작성한 답안 파일은 답안 전송 프로그램을 통하여 자동으로 전송됩니다.

7. 다음 사항의 경우 실격(0점) 혹은 부정행위 처리됩니다.
   ❶ 답안을 저장하지 않았거나, 저장한 파일이 손상되었을 경우
   ❷ 답안 파일을 다른 보조 기억장치(USB) 혹은 네트워크(메신저, 게시판 등)로 전송할 경우
   ❸ 휴대용 전화기 등 통신장비를 사용할 경우

8. 시험을 완료한 응시자는 답안을 저장하고, 답안 파일이 전송되었는지 확인한 후 감독위원의 지시에 따라 문제지를 제출한 후 퇴실하여야 합니다.

9. 시험시간이 종료된 이후에는 답안의 수정 또는 정정이 불가합니다.

10. 시험시행 후 결과는 홈페이지(www.ihd.or.kr)에서 확인하시기 바랍니다.
    ❶ 문제 및 정답 공개 : 2025. 00. 00.(화)
    ❷ 합격자 발표 : 2025. 00. 00.(금)

Korea Association for ICT Promotion
한국정보통신진흥협회 KAIT

유 의 사 항

- 각 문제의 정답은 다음과 같은 규칙으로 ENT 파일을 저장하시오.
  - 저장 위치 : 바탕 화면 > KAIT > 제출파일 폴더
  - 파일명 : CAT-수검번호-이름.ent
    ※ 예시 : 수검번호가 CAT-2500-000000이고 수험자 이름이 홍길동인 경우
    " **CAT-000000-홍길동.ent** "로 저장할 것
- 수검 시 **지문 순서대로 작업**하며, 오브젝트 및 블록 등을 임의 추가 시 감점 처리됨
- 【문제 2】는 블록코딩을 원칙으로 하며, 오브젝트 설정 창에서 설정 시 감점 처리됨

프로젝트 설명

스페이스 키를 누르면 투수가 공을 던진다. 공이 타자로 이동하면 타자는 공을 친다. 야구공이 타자에 닿으면, 타자는 일루 위치로 이동한다.

【문제 1】 다음 [처리조건]에 따라 배경 및 오브젝트를 설정하시오. (10점)

▶ 배경 설정하기

[처리조건]	[배경]
◎ '야구장_2' 배경 불러오기 　- 이름을 '**야구장**'으로 변경하기	야구장_2

▶ 오브젝트 설정하기 (오브젝트는 순서대로 불러올 것)

[처리조건]	[오브젝트]	
① '야구공' 오브젝트를 불러오기 　- 이름 **변경 없음** ② '투수(3)' 오브젝트를 불러오기 　- 이름을 '**투수**'로 변경하기 ③ '타자' 오브젝트를 불러오기 　- 이름 **변경 없음** ④ '체크상자' 오브젝트를 불러오기 　- 이름을 '**일루**'로 변경하기 ※ 기존의 '엔트리봇' 오브젝트는 삭제한다.	① 야구공 ③ 타자	② 투수(3) ④ 체크상자

【문제 2】 [전체블록]을 모두 사용하여 [처리조건]에 따라 오브젝트를 코딩하시오. (90점)

▶ '**야구공**' 오브젝트

 '야구공' 오브젝트가 '투수' 오브젝트가 위치한 곳으로 이동한다. '스페이스 키'를 누르면, '1.5'초를 기다린 후 x값은 무작위 수의 위치로, y값은 '-100' 위치로 이동한다.

[처리조건]	[전체블록]

① 시작하기 버튼을 클릭했을 때
  • 크기를 '30' 으로 정하기
  • x: '0' y: '40' 위치로 이동하기
② '스페이스' 키를 눌렀을 때
  • '1.5' 초 기다리기
  • '2' 초 동안
    x: '-50' 부터 '50' 사이의 무작위 수
    y: ' - (ㄱ) ' 위치로 이동하기

▶ '**투수**' 오브젝트

 '투수' 오브젝트가 공을 던진다.

[처리조건]	[전체블록]

① 시작하기 버튼을 클릭했을 때
  • x: '0' y: '40' 위치로 이동하기
② '스페이스' 키를 눌렀을 때
  • 4번 반복하기
    - '다음' 모양으로 바꾸기
    - '0.5' 초 기다리기

▶ '타자' 오브젝트

'타자' 오브젝트가 공을 친다. '야구공' 오브젝트에 닿으면, '일루' 오브젝트 위치로 이동한다.

[처리조건]	[전체블록]
① '스페이스' 키를 눌렀을 때 　• '1.5' 초 기다리기 　• 4번 반복하기 　　- '다음' 모양으로 바꾸기 　　- '0.5' 초 기다리기 　• 계속 반복하기 　　- 만일 '야구공' 에 닿았는가? 라면 　　　└ '타자_4' 모양으로 바꾸기 　　　└ '2' 초 동안 '일루' 위치로 이동하기 ② 시작하기 버튼을 클릭했을 때 　• '타자_1' 모양으로 바꾸기 　• x: '0' y: '-60' 위치로 이동하기	

▶ '일루' 오브젝트

'일루' 오브젝트가 특정 위치로 이동한다.

[처리조건]	[전체블록]
◎ 시작하기 버튼을 클릭했을 때 　• x: '145' y: '16' 위치로 이동하기 　• 크기를 '30' 으로 정하기	x: 0 y: 0 위치로 이동하기 크기를 0 (으)로 정하기 시작하기 버튼을 클릭했을 때

코딩활용능력
(CAT; CODING ABILITY TEST)

● 시험과목 : 코딩활용능력 3급 (엔트리)
● 시험일자 : 2025. 00. 00.(토)
● 응시자 기재사항 및 감독위원 확인

수 검 번 호	CAT - 2500 -	감독위원 확인

응시자 유의사항

1. 응시자는 신분증 또는 동등한 자격을 갖춘 증빙서류를 지참하여야 시험에 응시할 수 있으며, 시험이 종료될 때까지 신분증을 제시하지 못할 경우 해당 시험은 0점 처리됩니다.

2. 시스템(PC 작동 여부, 네트워크 상태 등)의 이상 여부를 반드시 확인하여야 하며, 시스템 이상이 있을 시 감독위원에게 조치를 받으셔야 합니다.

3. 시험 중 시스템 오류 또는 시스템 다운 증상에 대해서는 응시자 본인에게 책임이 있습니다.

4. 시험 중 부주의 또는 고의로 시스템을 파손한 경우는 응시자 부담으로 합니다.

5. **엔트리 버전은 최소 2.0.53 이상을 사용**하여야 하며, 답안 전송 프로그램을 통하여 배포 받은 파일에 답안을 작성하시기 바랍니다. 감독위원의 지시에 따라 주시기 바랍니다.

6. 작성한 답안 파일은 답안 전송 프로그램을 통하여 자동으로 전송됩니다.

7. 다음 사항의 경우 실격(0점) 혹은 부정행위 처리됩니다.
   ❶ 답안을 저장하지 않았거나, 저장한 파일이 손상되었을 경우
   ❷ 답안 파일을 다른 보조 기억장치(USB) 혹은 네트워크(메신저, 게시판 등)로 전송할 경우
   ❸ 휴대용 전화기 등 통신장비를 사용할 경우

8. 시험을 완료한 응시자는 답안을 저장하고, 답안 파일이 전송되었는지 확인한 후 감독위원의 지시에 따라 문제지를 제출한 후 퇴실하여야 합니다.

9. 시험시간이 종료된 이후에는 답안의 수정 또는 정정이 불가합니다.

10. 시험시행 후 결과는 홈페이지(www.ihd.or.kr)에서 확인하시기 바랍니다.
    ❶ 문제 및 정답 공개 : 2025. 00. 00.(화)
    ❷ 합격자 발표 : 2025. 00. 00.(금)

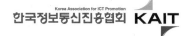

유의사항

- 각 문제의 정답은 다음과 같은 규칙으로 ENT 파일을 저장하시오.
  - 저장 위치 : 바탕 화면 > KAIT > 제출파일 폴더
  - 파일명 : CAT-수검번호-이름.ent
  ※ 예시 : 수검번호가 CAT-2500-000000이고 수험자 이름이 홍길동인 경우
  " **CAT-000000-홍길동.ent** "로 저장할 것
- 수검 시 **지문 순서대로 작업**하며, 오브젝트 및 블록 등을 임의 추가 시 감점 처리됨
- 【문제 2】는 블록코딩을 원칙으로 하며, 오브젝트 설정 창에서 설정 시 감점 처리됨

프로젝트 설명

골키퍼가 골대 앞에서 좌우로 왔다 갔다 한다. 스페이스 키를 누르면 공이 골대로 이동한다. 골키퍼가 공을 막으면 '노골!'이라고 말하고, 골대 안에 들어가면 '골인!'이라고 말한다. 다시하기 버튼을 클릭하면 프로젝트가 처음부터 다시 시작한다.

【문제 1】 다음 [처리조건]에 따라 배경 및 오브젝트를 설정하시오. (10점)

▶ 배경 설정하기

[처리조건]	[배경]
◎ '잔디밭' 배경 불러오기 　- 이름을 '**축구장**'으로 변경하기	잔디밭

▶ 오브젝트 설정하기 (오브젝트는 순서대로 불러올 것)

[처리조건]	[오브젝트]	
① '다시하기 버튼' 오브젝트를 불러오기 　- 이름 **변경 없음** ② '골대(1)' 오브젝트를 불러오기 　- 이름을 '**골대**'로 변경하기 ③ '축구선수' 오브젝트를 불러오기 　- 이름을 '**골키퍼**'로 변경하기 ④ '축구공' 오브젝트를 불러오기 　- 이름 **변경 없음** ※ 기존의 '엔트리봇' 오브젝트는 삭제한다.	① 다시하기 버튼 다시하기 ③ 축구선수	② 골대(1) ④ 축구공

【문제 2】 [전체블록]을 모두 사용하여 [처리조건]에 따라 오브젝트를 코딩하시오. (90점)

▶ '다시하기' 오브젝트

 '다시하기 버튼' 오브젝트를 클릭하면 처음부터 코드가 시작된다.

[처리조건]	[전체블록]
① 시작하기 버튼을 클릭했을 때 　• 크기를 '80'으로 정하기 　• x: '-150' y: '-100' 위치로 이동하기 ② 오브젝트를 클릭했을 때 　• 처음부터 다시 실행하기	크기를 ⓪ (으)로 정하기 x: ⓪ y: ⓪ 위치로 이동하기 ⬤ 오브젝트를 클릭했을 때 처음부터 다시 실행하기 ⌃ ▶ 시작하기 버튼을 클릭했을 때

▶ '골대' 오브젝트

 '골대' 오브젝트가 특정 위치로 이동한다.

[처리조건]	[전체블록]
◎ 시작하기 버튼을 클릭했을 때 　• x: '0' y: '60' 위치로 이동하기 　• 크기를 '200'으로 정하기	▶ 시작하기 버튼을 클릭했을 때 x: ⓪ y: ⓪ 위치로 이동하기 크기를 ⓪ (으)로 정하기

▶ '골키퍼' 오브젝트

'골키퍼' 오브젝트가 골대 앞에서 좌우로 왔다 갔다 한다.

[처리조건]	[전체블록]
◎ 시작하기 버튼을 클릭했을 때 • 계속 반복하기 　- '1부터 3 사이의 무작위 수' 초 동안 　　x: '100' y: '골키퍼' 의 'y 좌푯값' 위치로 이동하기 　- '1부터 3 사이의 무작위 수' 초 동안 　　x: '-100' y: '골키퍼' 의 'y 좌푯값' 위치로 이동하기	

▶ '축구공' 오브젝트

스페이스 키를 누르면 '축구공' 오브젝트가 '1'초 동안 골대 위치로 이동한다. '축구공' 오브젝트가 '골대' 오브젝트에 닿으면 '골인!'이라고 말하고 모든 코드를 멈춘다. '축구공' 오브젝트가 '골키퍼' 오브젝트에 닿으면 '노골!'이라고 말하고 모든 코드를 멈춘다.

[처리조건]	[전체블록]
① 시작하기 버튼을 클릭했을 때 • x: '0' y: '-110' 위치로 이동하기 • 크기를 '50' 으로 정하기 ② 시작하기 버튼을 클릭했을 때 • 계속 반복하기 　- 만일 '골대' 에 닿았는가? 라면 　　└ '골인!' 을 '1' 초 동안 '말하기' 　　└ '모든' 코드 멈추기 　- 만일 '골키퍼' 에 닿았는가? 라면 　　└ '노골!' 을 '1' 초 동안 '말하기' 　　└ '모든' 코드 멈추기 ③ '스페이스' 키를 눌렀을 때 • '　(ㄱ)　' 초 동안 　x: '-100' 부터 '100' 사이의 무작위 수 　y: '10' 위치로 이동하기	

코딩활용능력
(CAT; CODING ABILITY TEST)

● 시험과목 : 코딩활용능력 3급 (엔트리)
● 시험일자 : 2025. 00. 00.(토)
● 응시자 기재사항 및 감독위원 확인

수 검 번 호	CAT - 2500 -	감독위원 확인

응시자 유의사항

1. 응시자는 신분증 또는 동등한 자격을 갖춘 증빙서류를 지참하여야 시험에 응시할 수 있으며, 시험이 종료될 때까지 신분증을 제시하지 못할 경우 해당 시험은 0점 처리됩니다.

2. 시스템(PC 작동 여부, 네트워크 상태 등)의 이상 여부를 반드시 확인하여야 하며, 시스템 이상이 있을 시 감독위원에게 조치를 받으셔야 합니다.

3. 시험 중 시스템 오류 또는 시스템 다운 증상에 대해서는 응시자 본인에게 책임이 있습니다.

4. 시험 중 부주의 또는 고의로 시스템을 파손한 경우는 응시자 부담으로 합니다.

5. **엔트리 버전은 최소 2.0.53 이상을 사용**하여야 하며, 답안 전송 프로그램을 통하여 배포 받은 파일에 답안을 작성하시기 바랍니다. 감독위원의 지시에 따라 주시기 바랍니다.

6. 작성한 답안 파일은 답안 전송 프로그램을 통하여 자동으로 전송됩니다.

7. 다음 사항의 경우 실격(0점) 혹은 부정행위 처리됩니다.
   ❶ 답안을 저장하지 않았거나, 저장한 파일이 손상되었을 경우
   ❷ 답안 파일을 다른 보조 기억장치(USB) 혹은 네트워크(메신저, 게시판 등)로 전송할 경우
   ❸ 휴대용 전화기 등 통신장비를 사용할 경우

8. 시험을 완료한 응시자는 답안을 저장하고, 답안 파일이 전송되었는지 확인한 후 감독위원의 지시에 따라 문제지를 제출한 후 퇴실하여야 합니다.

9. 시험시간이 종료된 이후에는 답안의 수정 또는 정정이 불가합니다.

10. 시험시행 후 결과는 홈페이지(www.ihd.or.kr)에서 확인하시기 바랍니다.
    ❶ 문제 및 정답 공개 : 2025. 00. 00.(화)
    ❷ 합격자 발표 : 2025. 00. 00.(금)

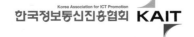

한국정보통신진흥협회 KAIT
Korea Association for ICT Promotion

유의사항
- 각 문제의 정답은 다음과 같은 규칙으로 ENT 파일을 저장하시오.
  - 저장 위치 : 바탕 화면 > KAIT > 제출파일 폴더
  - 파일명 : CAT-수검번호-이름.ent
    ※ 예시 : 수검번호가 CAT-2500-000000이고 수험자 이름이 홍길동인 경우
    " **CAT-000000-홍길동.ent** "로 저장할 것
- 수검 시 **지문 순서대로 작업**하며, 오브젝트 및 블록 등을 임의 추가 시 감점 처리됨
- 【문제 2】는 블록코딩을 원칙으로 하며, 오브젝트 설정 창에서 설정 시 감점 처리됨

프로젝트 설명

전기 자동차는 화살표 키를 이용해 상하좌우로 이동하고, ctrl 키와 alt 키를 이용해 방향을 바꾼다. 전기
자동차가 건전지에 닿으면 '충전 완료'라고 말하고, 푯말까지 도착하면 '미션 완료'라고 말한다. 전기 자동
차가 미로에 닿으면 코드를 처음부터 다시 시작한다.

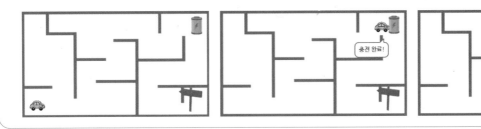

【문제 1】 다음 [처리조건]에 따라 배경 및 오브젝트를 설정하시오. (10점)

▶ **배경 설정하기**

[처리조건]	[배경]
◎ '미로(4)' 배경 불러오기 - 이름을 '**미로**'로 변경하기	미로(4)

▶ **오브젝트 설정하기** (오브젝트는 순서대로 불러올 것)

[처리조건]	[오브젝트]	
① '자동차' 오브젝트를 불러오기 - 이름을 '**전기 자동차**'로 변경하기 ② '푯말' 오브젝트를 불러오기 - 이름 **변경 없음** ③ '건전지(2)' 오브젝트를 불러오기 - 이름을 '**건전지**'로 변경하기 ※ 기존의 '엔트리봇' 오브젝트는 삭제한다.	① 자동차	② 푯말
	③ 건전지(2)	

【문제 2】 [전체블록]을 모두 사용하여 [처리조건]에 따라 오브젝트를 코딩하시오. (90점)

▶ '전기 자동차' 오브젝트

 화살표 키를 누르면 '전기 자동차' 오브젝트가 상하좌우로 이동한다. ctrl 키를 누르면 '30°' 만큼 회전하고, alt 키를 누르면 '-30'° 만큼 회전한다. '전기 자동차' 오브젝트가 '미로' 오브젝트에 닿으면 처음부터 코드를 다시 시작한다.

[처리조건]	[전체블록]
① '왼쪽 화살표' 키를 눌렀을 때 • x 좌표를 '-5' 만큼 바꾸기 ② '오른쪽 화살표' 키를 눌렀을 때 • x 좌표를 '5' 만큼 바꾸기 ③ '위쪽 화살표' 키를 눌렀을 때 • y 좌표를 '5' 만큼 바꾸기 ④ '아래쪽 화살표' 키를 눌렀을 때 • y 좌표를 '-5' 만큼 바꾸기 ⑤ 'ctrl' 키를 눌렀을 때 • 방향을 '30°' 만큼 회전하기 ⑥ 'alt' 키를 눌렀을 때 • 방향을 ' (ㄱ) ' 만큼 회전하기 ⑦ 시작하기 버튼을 클릭했을 때 • x: '-200' y: '-100' 위치로 이동하기 • 크기를 '40' 으로 정하기 • '2' 초 기다리기 • 계속 반복하기 　- 만일 '미로' 에 닿았는가? 라면 　　└ 처음부터 다시 실행하기	

▶ '푯말' 오브젝트

'푯말' 오브젝트가 '전기 자동차' 오브젝트에 닿으면 '미션 성공!'이라고 말하고 모든 코드를 멈춘다.

[처리조건]	[전체블록]
① 시작하기 버튼을 클릭했을 때 　• 크기를 '60' 으로 정하기 　• x: '190' y: '-90' 위치로 이동하기 ② 시작하기 버튼을 클릭했을 때 　• '2' 초 기다리기 　• 계속 반복하기 　　- 만일 '전기 자동차' 에 닿았는가? 라면 　　　└ '미션 성공!' 을 '2' 초 동안 '말하기' 　　　└ '모든' 코드 멈추기	

▶ '건전지' 오브젝트

'건전지' 오브젝트가 '전기 자동차' 오브젝트가 닿으면 '충전 완료!'이라고 말하고 모양을 숨긴다.

[처리조건]	[전체블록]
① 시작하기 버튼을 클릭했을 때 　• x: '206' y: '98' 위치로 이동하기 　• 크기를 '50' 으로 정하기 ② 시작하기 버튼을 클릭했을 때 　• '2' 초 기다리기 　• 계속 반복하기 　　- 만일 '전기 자동차' 에 닿았는가? 라면 　　　└ '충전 완료!' 를 '2' 초 동안 '말하기' 　　　└ 모양 숨기기	

코딩활용능력
(CAT; CODING ABILITY TEST)

- 시험과목 : 코딩활용능력 3급 (엔트리)
- 시험일자 : 2025. 00. 00.(토)
- 응시자 기재사항 및 감독위원 확인

수 검 번 호	CAT - 2500 -	감독위원 확인

응시자 유의사항

1. 응시자는 신분증 또는 동등한 자격을 갖춘 증빙서류를 지참하여야 시험에 응시할 수 있으며, 시험이 종료될 때까지 신분증을 제시하지 못할 경우 해당 시험은 0점 처리됩니다.

2. 시스템(PC 작동 여부, 네트워크 상태 등)의 이상 여부를 반드시 확인하여야 하며, 시스템 이상이 있을 시 감독위원에게 조치를 받으셔야 합니다.

3. 시험 중 시스템 오류 또는 시스템 다운 증상에 대해서는 응시자 본인에게 책임이 있습니다.

4. 시험 중 부주의 또는 고의로 시스템을 파손한 경우는 응시자 부담으로 합니다.

5. **엔트리 버전은 최소 2.0.53 이상을 사용**하여야 하며, 답안 전송 프로그램을 통하여 배포 받은 파일에 답안을 작성하시기 바랍니다. 감독위원의 지시에 따라 주시기 바랍니다.

6. 작성한 답안 파일은 답안 전송 프로그램을 통하여 자동으로 전송됩니다.

7. 다음 사항의 경우 실격(0점) 혹은 부정행위 처리됩니다.
   ❶ 답안을 저장하지 않았거나, 저장한 파일이 손상되었을 경우
   ❷ 답안 파일을 다른 보조 기억장치(USB) 혹은 네트워크(메신저, 게시판 등)로 전송할 경우
   ❸ 휴대용 전화기 등 통신장비를 사용할 경우

8. 시험을 완료한 응시자는 답안을 저장하고, 답안 파일이 전송되었는지 확인한 후 감독위원의 지시에 따라 문제지를 제출한 후 퇴실하여야 합니다.

9. 시험시간이 종료된 이후에는 답안의 수정 또는 정정이 불가합니다.

10. 시험시행 후 결과는 홈페이지(www.ihd.or.kr)에서 확인하시기 바랍니다.
    ❶ 문제 및 정답 공개 : 2025. 00. 00.(화)
    ❷ 합격자 발표 : 2025. 00. 00.(금)

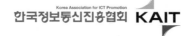

한국정보통신진흥협회 KAIT
Korea Association for ICT Promotion

유 의 사 항

- 각 문제의 정답은 다음과 같은 규칙으로 ENT 파일을 저장하시오.
  - 저장 위치 : 바탕 화면 > KAIT > 제출파일 폴더
  - 파일명 : CAT-수검번호-이름.ent
    ※ 예시 : 수검번호가 CAT-2500-000000이고 수험자 이름이 홍길동인 경우
    " **CAT-000000-홍길동.ent** "로 저장할 것
- 수검 시 **지문 순서대로 작업**하며, 오브젝트 및 블록 등을 임의 추가 시 감점 처리됨
- **【문제 2】**는 블록코딩을 원칙으로 하며, 오브젝트 설정 창에서 설정 시 감점 처리됨

프로젝트 설명

스페이스 키를 누르면 화살표가 무작위 수의 각도로 회전한다. 화살표가 회전을 완료한 후 곰인형에 닿으면 '곰인형 당첨!'이라고 말하고, 초코 쿠키에 닿으면 '초코 쿠키 당첨!'이라고 말한다.

【문제 1】 다음 [처리조건]에 따라 배경 및 오브젝트를 설정하시오. (10점)

▶ <u>배경 설정하기</u>

[처리조건]	[배경]
◎ '초록 방' 배경 불러오기 　- 이름을 '**게임 방**'으로 변경하기	초록 방

▶ <u>오브젝트 설정하기</u> (오브젝트는 순서대로 불러올 것)

[처리조건]	[오브젝트]
① '룰렛판' 오브젝트를 불러오기 　- 이름을 '**원판**'으로 변경하기 ② '룰렛 화살표' 오브젝트를 불러오기 　- 이름을 '**화살표**'로 변경하기 ③ '쿠키' 오브젝트를 불러오기 　- 이름을 '**초코 쿠키**'로 변경하기 ④ '곰인형' 오브젝트를 불러오기 　- 이름 **변경 없음** ※ 기존의 '엔트리봇' 오브젝트는 삭제한다.	① 룰렛판　　② 룰렛 화살표 ③ 쿠키　　④ 곰인형

【문제 2】 [전체블록]을 모두 사용하여 [처리조건]에 따라 오브젝트를 코딩하시오. (90점)

▶ **'원판' 오브젝트**

 '원판' 오브젝트가 모양을 바꾸고 특정 위치로 이동한다.

[처리조건]	[전체블록]
◎ 시작하기 버튼을 클릭했을 때 　• '룰렛판_4' 모양으로 바꾸기 　• 크기를 '250' 으로 정하기	크기를 ⓪ (으)로 정하기 ▶ 시작하기 버튼을 클릭했을 때 대상 없음▾ 모양으로 바꾸기

▶ **'화살표' 오브젝트**

 스페이스 키를 누르면 '화살표' 오브젝트가 무작위 수 각도 만큼 회전한다.

[처리조건]	[전체블록]
① '스페이스' 키를 눌렀을 때 　• '1' 초 동안 방향을 '90' 부터 '360' 사이의 무작위 수 　　만큼 회전하기 ② 시작하기 버튼을 클릭했을 때 　• 크기를 '70' 으로 정하기	

▶ '초코 쿠키' 오브젝트

'화살표' 오브젝트가 '초코 쿠키' 오브젝트에 닿으면 크기가 '100'으로 커지고, '초코 쿠키 당첨!'이라고 말한다.

[처리조건]	[전체블록]
① 시작하기 버튼을 클릭했을 때 　• 크기를 '70'으로 정하기 　• x: '70' y: '-42' 위치로 이동하기 ② '스페이스' 키를 눌렀을 때 　• '1'초 기다리기 　• 만일 '화살표'에 닿았는가? 라면 　　- x: '0' y: '0' 위치로 이동하기 　　- 크기를 '　(ㄱ)　'으로 정하기 　　- '초코 쿠키 당첨!'을 '1'초 동안 '말하기' 　• 크기를 '70'으로 정하기 　• x: '70' y: '-42' 위치로 이동하기	x: 0 y: 0 위치로 이동하기 시작하기 버튼을 클릭했을 때 크기를 0 (으)로 정하기 q ▼ 키를 눌렀을 때 0 초 기다리기 마우스포인터 ▼ 에 닿았는가? 만일 참 (이)라면 안녕! 을(를) 0 초 동안 말하기 ▼

▶ '곰인형' 오브젝트

'화살표' 오브젝트가 '곰인형' 오브젝트에 닿으면 크기가 90으로 커지고, '곰인형 당첨!'이라고 말한다.

[처리조건]	[전체블록]
① 시작하기 버튼을 클릭했을 때 　• 크기를 '70'으로 정하기 　• x: '-60' y: '40' 위치로 이동하기 ② '스페이스' 키를 눌렀을 때 　• '1'초 기다리기 　• 만일 '화살표'에 닿았는가? 라면 　　- x: '0' y: '0' 위치로 이동하기 　　- 크기를 '90'으로 정하기 　　- '곰인형 당첨!'을 '1'초 동안 '말하기' 　• 크기를 '70'으로 정하기 　• x: '-60' y: '40' 위치로 이동하기	

코딩활용능력
(CAT; CODING ABILITY TEST)

● 시험과목 : 코딩활용능력 3급 (엔트리)
● 시험일자 : 2025. 00. 00.(토)
● 응시자 기재사항 및 감독위원 확인

수 검 번 호	CAT - 2500 -	감독위원 확인

응시자 유의사항

1. 응시자는 신분증 또는 동등한 자격을 갖춘 증빙서류를 지참하여야 시험에 응시할 수 있으며, 시험이 종료될 때까지 신분증을 제시하지 못할 경우 해당 시험은 0점 처리됩니다.

2. 시스템(PC 작동 여부, 네트워크 상태 등)의 이상 여부를 반드시 확인하여야 하며, 시스템 이상이 있을 시 감독위원에게 조치를 받으셔야 합니다.

3. 시험 중 시스템 오류 또는 시스템 다운 증상에 대해서는 응시자 본인에게 책임이 있습니다.

4. 시험 중 부주의 또는 고의로 시스템을 파손한 경우는 응시자 부담으로 합니다.

5. 엔트리 버전은 최소 2.0.53 이상을 사용하여야 하며, 답안 전송 프로그램을 통하여 배포 받은 파일에 답안을 작성하시기 바랍니다. 감독위원의 지시에 따라 주시기 바랍니다.

6. 작성한 답안 파일은 답안 전송 프로그램을 통하여 자동으로 전송됩니다.

7. 다음 사항의 경우 실격(0점) 혹은 부정행위 처리됩니다.
   ❶ 답안을 저장하지 않았거나, 저장한 파일이 손상되었을 경우
   ❷ 답안 파일을 다른 보조 기억장치(USB) 혹은 네트워크(메신저, 게시판 등)로 전송할 경우
   ❸ 휴대용 전화기 등 통신장비를 사용할 경우

8. 시험을 완료한 응시자는 답안을 저장하고, 답안 파일이 전송되었는지 확인한 후 감독위원의 지시에 따라 문제지를 제출한 후 퇴실하여야 합니다.

9. 시험시간이 종료된 이후에는 답안의 수정 또는 정정이 불가합니다.

10. 시험시행 후 결과는 홈페이지(www.ihd.or.kr)에서 확인하시기 바랍니다.
    ❶ 문제 및 정답 공개 : 2025. 00. 00.(화)
    ❷ 합격자 발표 : 2025. 00. 00.(금)

Korea Association for ICT Promotion
한국정보통신진흥협회 KAIT

유의사항

- 각 문제의 정답은 다음과 같은 규칙으로 ENT 파일을 저장하시오.
  - 저장 위치 : 바탕 화면 > KAIT > 제출파일 폴더
  - 파일명 : CAT-수검번호-이름.ent
    ※ 예시 : 수검번호가 CAT-2500-000000이고 수험자 이름이 홍길동인 경우
    " **CAT-000000-홍길동.ent** "로 저장할 것
- 수검 시 **지문 순서대로 작업**하며, 오브젝트 및 블록 등을 임의 추가 시 감점 처리됨
- 【문제 2】는 블록코딩을 원칙으로 하며, 오브젝트 설정 창에서 설정 시 감점 처리됨

프로젝트 설명

열기구가 여행을 떠났다. 열기구는 서서히 내려오지만, 스페이스 키를 누르면 위로 떠오를 수 있다. 하늘에는 비행기와 새가 날아다니고, 땅에는 말이 뛰어다닌다. 비행기, 새, 말과 부딪히지 않도록 조심하며 안전한 여행을 즐겨보자.

【문제 1】 다음 [처리조건]에 따라 배경 및 오브젝트를 설정하시오. (10점)

▶ 배경 설정하기

[처리조건]	[배경]
◎ '들판(1)' 배경 불러오기 - 이름을 '**들판**'으로 변경하기	들판(1)

▶ 오브젝트 설정하기 (오브젝트는 순서대로 불러올 것)

[처리조건]	[오브젝트]	

① '노란새' 오브젝트를 불러오기
  - 이름을 '**새**'로 변경하기
② '전투기(2)' 오브젝트를 불러오기
  - 이름을 '**비행기**'로 변경하기
③ '열기구' 오브젝트를 불러오기
  - 이름 **변경 없음**
④ '당나귀(1)' 오브젝트를 불러오기
  - 이름을 '**말**'로 변경하기
※ 기존의 '엔트리봇' 오브젝트는 삭제한다
	① 노란새
	
	③ 열기구
		② 전투기(2)
		
		④ 당나귀(1)

【문제 2】 [전체블록]을 모두 사용하여 [처리조건]에 따라 오브젝트를 코딩하시오. (90점)

▶ '새' 오브젝트

 '새' 오브젝트는 지정된 위치에 나타나 무작위 수 만큼 이동한다.

[처리조건]	[전체블록]
◎ 시작하기 버튼을 클릭했을 때 • 계속 반복하기 　- '다음' 모양으로 바꾸기 　- '0.1' 초 기다리기 　- 만일 '열기구'에 닿았는가? 라면 　　└ '새와 부딪혔다.'를 '2' 초 동안 말하기 　　└ 모든 코드 멈추기 ◎ 시작하기 버튼을 클릭했을 때 • 크기를 '20'으로 정하기 • 계속 반복하기 　- x: '200' y: '0' 위치로 이동하기 　- '벽'에 닿을 때까지 반복하기 　　└ '0.5' 초 동안 x: '-30'부터 '0' 사이의 무작위 수 　　　 y: '-20'부터 '20' 사이의 무작위 수 만큼 움직이기	

▶ '비행기' 오브젝트

 '비행기' 오브젝트는 지정된 위치에 나타나 '2'초 동안 지정된 위치로 이동한다.

[처리조건]	[전체블록]
① 시작하기 버튼을 클릭했을 때 • 크기를 '50' 으로 정하기 • 계속 반복하기 　- 모양 보이기 　- x: '200' y: '90' 위치로 이동하기 　- '　(ㄱ)　' 초 동안 x: '-200' y: '90' 위치로 이동하기 　- 모양 숨기기 　- '2' 초 기다리기 ② 시작하기 버튼을 클릭했을 때 • 계속 반복하기 　- 만일 '열기구'에 닿았는가? 라면 　　└ '비행기와 부딪혔다.'를 '2' 초 동안 말하기 　　└ 모든 코드 멈추기	

▶ **'열기구' 오브젝트**

'열기구' 오브젝트는 계속해서 아래로 이동하고, '스페이스' 키를 누르면 위쪽으로 이동한다. '열기구'가 위쪽 벽에 닿으면 아래쪽으로 '2' 만큼 이동한다.

[처리조건]	[전체블록]

① 시작하기 버튼을 클릭했을 때
• 크기를 '50' 으로 정하기
• x: '-80' y: '0' 위치로 이동하기
• 계속 반복하기
  - y 좌표를 '-1' 만큼 바꾸기
  - 만일 '스페이스' 키가 눌러져 있는가? 라면
    └ y 좌표를 '2' 만큼 바꾸기
  - 만일 '위쪽 벽'에 닿았는가? 라면
    └ y 좌표를 ' - (ㄴ) ' 만큼 바꾸기
  - 만일 '아래쪽 벽'에 닿았는가? 라면
    └ y 좌표를 '2' 만큼 바꾸기

▶ **'말' 오브젝트**

'말' 오브젝트는 지정된 위치에 나타나 이동한다.
'말' 오브젝트가 '열기구' 오브젝트에 닿으면 '열기구에 닿았다!'를 '2'초 동안 말한다.

[처리조건]

◎ 시작하기 버튼을 클릭했을 때
• 계속 반복하기
  - '다음' 모양으로 바꾸기
  - '0.1' 초 기다리기
  - 만일 '열기구'에 닿았는가? 라면
    └ '열기구에 닿았다.'를 ' - (ㄷ) ' 초 동안 말하기
    └ 모든 코드 멈추기
◎ 시작하기 버튼을 클릭했을 때
• 크기를 '40'으로 정하기
• 모양 숨기기
• '1'초 기다리기
• 계속 반복하기
  - x: '200' y: '-100' 위치로 이동하기
  - 모양 보이기
  - '벽'에 닿을 때까지 반복하기
    └ y 좌표를 '-2'부터 '0' 사이의 무작위 수 만큼 바꾸기

코딩활용능력
(CAT; CODING ABILITY TEST)

● 시험과목 : 코딩활용능력 3급 (엔트리)
● 시험일자 : 2025. 00. 00.(토)
● 응시자 기재사항 및 감독위원 확인

수 검 번 호	CAT - 2500 -	감독위원 확인

응시자 유의사항

1. 응시자는 신분증 또는 동등한 자격을 갖춘 증빙서류를 지참하여야 시험에 응시할 수 있으며, 시험이 종료될 때까지 신분증을 제시하지 못할 경우 해당 시험은 0점 처리됩니다.

2. 시스템(PC 작동 여부, 네트워크 상태 등)의 이상 여부를 반드시 확인하여야 하며, 시스템 이상이 있을 시 감독위원에게 조치를 받으셔야 합니다.

3. 시험 중 시스템 오류 또는 시스템 다운 증상에 대해서는 응시자 본인에게 책임이 있습니다.

4. 시험 중 부주의 또는 고의로 시스템을 파손한 경우는 응시자 부담으로 합니다.

5. 엔트리 버전은 최소 2.0.53 이상을 사용하여야 하며, 답안 전송 프로그램을 통하여 배포 받은 파일에 답안을 작성하시기 바랍니다. 감독위원의 지시에 따라 주시기 바랍니다.

6. 작성한 답안 파일은 답안 전송 프로그램을 통하여 자동으로 전송됩니다.

7. 다음 사항의 경우 실격(0점) 혹은 부정행위 처리됩니다.
   ❶ 답안을 저장하지 않았거나, 저장한 파일이 손상되었을 경우
   ❷ 답안 파일을 다른 보조 기억장치(USB) 혹은 네트워크(메신저, 게시판 등)로 전송할 경우
   ❸ 휴대용 전화기 등 통신장비를 사용할 경우

8. 시험을 완료한 응시자는 답안을 저장하고, 답안 파일이 전송되었는지 확인한 후 감독위원의 지시에 따라 문제지를 제출한 후 퇴실하여야 합니다.

9. 시험시간이 종료된 이후에는 답안의 수정 또는 정정이 불가합니다.

10. 시험시행 후 결과는 홈페이지(www.ihd.or.kr)에서 확인하시기 바랍니다.
    ❶ 문제 및 정답 공개 : 2025. 00. 00.(화)
    ❷ 합격자 발표 : 2025. 00. 00.(금)

Korea Association for ICT Promotion
한국정보통신진흥협회 KAIT

유 의 사 항

• 각 문제의 정답은 다음과 같은 규칙으로 ENT 파일을 저장하시오.
 - 저장 위치 : 바탕 화면 > KAIT > 제출파일 폴더
 - 파일명 : CAT-수검번호-이름.ent
 ※ 예시 : 수검번호가 CAT-2500-000000이고 수험자 이름이 홍길동인 경우
 " **CAT-000000-홍길동.ent** "로 저장할 것
• 수검 시 **지문 순서대로 작업**하며, 오브젝트 및 블록 등을 임의 추가 시 감점 처리됨
• 【문제 2】는 블록코딩을 원칙으로 하며, 오브젝트 설정 창에서 설정 시 감점 처리됨

프로젝트 설명

꿀벌이 미로를 통과해 꽃이 있는 곳까지 가려고 한다.
꿀벌은 이동하는 동안 미로에 닿으면 지정된 위치로 이동한다.
불꽃은 커졌다 작아지는데, 불꽃에 닿으면 지정된 위치로 이동한다.

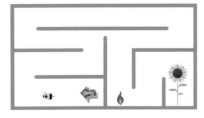 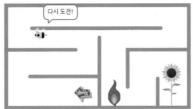 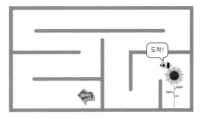

【문제 1】 다음 [처리조건]에 따라 배경 및 오브젝트를 설정하시오. (10점)

▶ 배경 설정하기

[처리조건]	[배경]
◎ '미로(1)' 배경 불러오기 - 이름을 '**미로판**'으로 변경하기	미로(1)

▶ **오브젝트 설정하기** (오브젝트는 순서대로 불러올 것)

[처리조건]	[오브젝트]	
① '[묶음] 꽃 화살표' 오브젝트를 불러오기 - 이름을 '**출발**'로 변경하기 ② '해바라기' 오브젝트를 불러오기 - 이름 **변경 없음** ③ '꿀벌' 오브젝트를 불러오기 - 이름 **변경 없음** ④ '불(1)' 오브젝트를 불러오기 - 이름을 '**불꽃**'으로 변경하기 ※ 기존의 '엔트리봇' 오브젝트는 삭제한다.	① [묶음] 꽃 화살표	② 해바라기
	③ 꿀벌	④ 불(1)

【문제 2】 [전체블록]을 모두 사용하여 [처리조건]에 따라 오브젝트를 코딩하시오. (90점)

▶ **'출발' 오브젝트**

 '출발' 오브젝트는 '꿀벌' 오브젝트에 닿았을 때, 숨겼다 보였다를 반복한다.
'꿀벌' 오브젝트에 닿지 않으면 모양을 보인다.

[처리조건]	[전체블록]
◎ 시작하기 버튼을 클릭했을 때 　• 크기를 '50' 으로 정하기 　• x: '-40' y: '-90' 위치로 이동하기 　• 계속 반복하기 　　- 만일 '꿀벌'에 닿았는가? 라면 　　　└ 모양 숨기기 　　　└ '0.1' 초 기다리기 　　　└ 모양 보이기 　　　└ '0.1' 초 기다리기 　　- 아니면 　　　└ 모양 보이기	

▶ **'해바라기' 오브젝트**

 '해바라기' 오브젝트는 '색깔' 효과를 바꿔 번쩍이게 보인다.
'해바라기' 오브젝트에 '꿀벌' 오브젝트가 닿으면 '도착!'을 말하고 멈춘다.

[처리조건]	[전체블록]
◎ 시작하기 버튼을 클릭했을 때 　• 크기를 '80' 으로 정하기 　• x: '190' y: '-70' 위치로 이동하기 　• 계속 반복하기 　　- '색깔' 효과를 '1' 로 정하기 　　- '0,1' 초 기다리기 　　- '색깔' 효과를 '100' 으로 정하기 　　- '0,1' 초 기다리기 ◎ 시작하기 버튼을 클릭했을 때 　• 계속 반복하기 　　- 만일 '꿀벌'에 닿았는가? 라면 　　　└ '도착'을 '2' 초 동안 말하기 　　　└ '모든' 코드 맘추기	

▶ '꿀벌' 오브젝트

'꿀벌' 오브젝트는 위쪽, 아래쪽 화살표 키를 누르면 위쪽과 아래쪽으로 '2'만큼 움직이며, 왼쪽, 오른쪽 화살표 키를 누르면 왼쪽과 오른쪽으로 '3'만큼 움직인다.
'꿀벌' 오브젝트는 '불꽃' 오브젝트나 '미로' 오브젝트에 닿으면 지정된 위치로 이동한다.

[처리조건]	[전체블록]
◎ 위쪽 화살표 키를 눌렀을 때 　• y 좌표를 '　(ㄱ)　'만큼 바꾸기 ◎ 아래쪽 화살표 키를 눌렀을 때 　• y 좌표를 '　-(ㄴ)　'만큼 바꾸기 ◎ 왼쪽 화살표 키를 눌렀을 때 　• x 좌표를 '　-(ㄷ)　'만큼 바꾸기 ◎ 오른쪽 화살표 키를 눌렀을 때 　• x 좌표를 '　(ㄹ)　'만큼 바꾸기 ◎ 시작하기 버튼을 클릭했을 때 　• 크기를 '30' 으로 정하기 　• x: '-50' y: '-90' 위치로 이동하기 　• 계속 반복하기 　　- 만일 '불꽃'에 닿았는가? 라면 　　　└ '앗! 뜨거워'를 '1'초 동안 말하기 　　　　x: '-40' y: '-100' 위치로 이동하기 　　- 만일 '미로'에 닿았는가? 라면 　　　└ '다시 도전!'을 '1'초 동안 말하기 　　　　x: '-40' y: '-100' 위치로 이동하기	

▶ '불꽃' 오브젝트

'불꽃' 오브젝트는 지정된 위치에 나타나 크기를 키웠다가 줄이며,
사라진 후 다시 나타나기를 반복한다.

[처리조건]	[전체블록]
◎ 시작하기 버튼을 클릭했을 때 　• x: '40' y: '-110' 위치로 이동하기 　• 계속 반복하기 　　- 크기를 '10' 으로 정하기 　　- 모양 보이기 　　- '10'번 반복하기 　　　└ 크기를 '4' 만큼 바꾸기 　　　└ '0.1' 초 기다리기 　　- '10'번 반복하기 　　　└ 크기를 '- 4' 만큼 바꾸기 　　　└ '0.1' 초 기다리기 　　- 모양 숨기기 　　- '3' 초 기다리기	

코딩활용능력
(CAT; CODING ABILITY TEST)

◉ 시험과목 : 코딩활용능력 3급 (엔트리)
◉ 시험일자 : 2025. 00. 00.(토)
◉ 응시자 기재사항 및 감독위원 확인

수 검 번 호	CAT - 2500 -	감독위원 확인

응시자 유의사항

1. 응시자는 신분증 또는 동등한 자격을 갖춘 증빙서류를 지참하여야 시험에 응시할 수 있으며, 시험이 종료될 때까지 신분증을 제시하지 못할 경우 해당 시험은 0점 처리됩니다.

2. 시스템(PC 작동 여부, 네트워크 상태 등)의 이상 여부를 반드시 확인하여야 하며, 시스템 이상이 있을 시 감독위원에게 조치를 받으셔야 합니다.

3. 시험 중 시스템 오류 또는 시스템 다운 증상에 대해서는 응시자 본인에게 책임이 있습니다.

4. 시험 중 부주의 또는 고의로 시스템을 파손한 경우는 응시자 부담으로 합니다.

5. **엔트리 버전은 최소 2.0.53 이상을 사용**하여야 하며, 답안 전송 프로그램을 통하여 배포 받은 파일에 답안을 작성하시기 바랍니다. 감독위원의 지시에 따라 주시기 바랍니다.

6. 작성한 답안 파일은 답안 전송 프로그램을 통하여 자동으로 전송됩니다.

7. 다음 사항의 경우 실격(0점) 혹은 부정행위 처리됩니다.

    ❶ 답안을 저장하지 않았거나, 저장한 파일이 손상되었을 경우

    ❷ 답안 파일을 다른 보조 기억장치(USB) 혹은 네트워크(메신저, 게시판 등)로 전송할 경우

    ❸ 휴대용 전화기 등 통신장비를 사용할 경우

8. 시험을 완료한 응시자는 답안을 저장하고, 답안 파일이 전송되었는지 확인한 후 감독위원의 지시에 따라 문제지를 제출한 후 퇴실하여야 합니다.

9. 시험시간이 종료된 이후에는 답안의 수정 또는 정정이 불가합니다.

10. 시험시행 후 결과는 홈페이지(www.ihd.or.kr)에서 확인하시기 바랍니다.

    ❶ 문제 및 정답 공개 : 2025. 00. 00.(화)

    ❷ 합격자 발표 : 2025. 00. 00.(금)

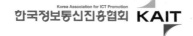

유 의 사 항

- 각 문제의 정답은 다음과 같은 규칙으로 ENT 파일을 저장하시오.
  - 저장 위치 : 바탕 화면 > KAIT > 제출파일 폴더
  - 파일명 : CAT-수검번호-이름.ent
  - ※ 예시 : 수검번호가 CAT-2500-000000이고 수험자 이름이 홍길동인 경우
    " **CAT-000000-홍길동.ent** "로 저장할 것
- 수검 시 **지문 순서대로 작업**하며, 오브젝트 및 블록 등을 임의 추가 시 감점 처리됨
- 【문제 2】는 블록코딩을 원칙으로 하며, 오브젝트 설정 창에서 설정 시 감점 처리됨

프로젝트 설명

거미와 흰거미가 달팽이가 지나가지 못하도록 막고 있는데 지나갈 수 있을까?
달팽이는 스페이스 키를 누를 때만 이동한다.
거미는 위/아래로만 움직이고, 흰거미는 왼쪽과 오른쪽으로도 움직인다.

【문제 1】 다음 [처리조건]에 따라 배경 및 오브젝트를 설정하시오. (10점)

▶ <u>배경 설정하기</u>

[처리조건]	[배경]	
◎ '뒷동산' 배경 불러오기 - 이름을 '**들판**'으로 변경하기	뒷동산	

▶ <u>오브젝트 설정하기</u> (오브젝트는 순서대로 불러올 것)

[처리조건]	[오브젝트]	

① '달팽이' 오브젝트를 불러오기
    - 이름 **변경 없음**
② '거미' 오브젝트를 불러오기
    - 이름 **변경 없음**
③ '흰거미' 오브젝트를 불러오기
    - 이름 **변경 없음**
④ '구름(4)' 오브젝트를 불러오기
    - 이름을 '**구름**'으로 변경하기
※ 기존의 '엔트리봇' 오브젝트는 삭제한다.
	① 달팽이	② 거미

	③ 흰거미	④ 구름(4)

【문제 2】 [전체블록]을 모두 사용하여 [처리조건]에 따라 오브젝트를 코딩하시오. (90점)

▶ **'달팽이' 오브젝트**

 '달팽이' 오브젝트는 스페이스 키를 누르면 '1'만큼 이동한다.
'거미' 오브젝트에 닿으면 '잡혔다!'라고 말하며, '흰거미' 오브젝트에 닿으면 '무서워!'를 말한다. '오른쪽 벽'에 닿으면 '성공!'을 말한다.

[처리조건]	[전체블록]
◎ 시작하기 버튼을 클릭했을 때 • 크기를 '40'으로 정하기 • x: '-180 y: '-90' 위치로 이동하기 • 계속 반복하기 　- 만일 '스페이스' 키가 눌러져 있는가? 라면 　　└ 이동 방향으로 '1'만큼 움직이기 　- 만일 '거미'에 닿았는가? 라면 　　└ '잡혔다'를 '2' 초 동안 말하기 　　└ '모든' 코드 멈추기 　- 만일 '흰거미'에 닿았는가? 라면 　　└ '무서워!'를 '2' 초 동안 말하기 　　└ '모든' 코드 멈추기 　- 만일 '오른쪽 벽'에 닿았는가? 라면 　　└ '성공!'을 '2' 초 동안 말하기 　　└ '모든' 코드 멈추기	

▶ **'거미' 오브젝트**

 '거미' 오브젝트는 지정된 위치에 나타나 위/아래로 움직이는 것을 반복한다.

[처리조건]	[전체블록]
◎ 시작하기 버튼을 클릭했을 때 • 크기를 '50'으로 정하기 • x: '-50' y: '100' 위치로 이동하기 • 계속 반복하기 　- '2' 초 동안 x: '-50' y: '-80' 위치로 이동하기 　- '2' 초 동안 x: '-50' y: '100' 위치로 이동하기	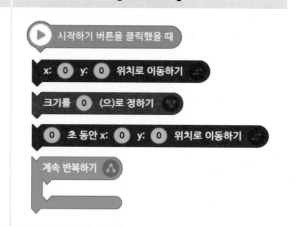

▶ '흰거미' 오브젝트

'흰거미' 오브젝트는 지정된 위치에 나타나 왼쪽 또는 오른쪽으로 움직여 위치를 정한다. 위치가 정해지면 아래쪽으로 '2'만큼 움직이기를 '100'번 반복한 후 위쪽으로 '2'만큼 움직이기를 '100'번 반복한다.

[처리조건]	[전체블록]
◎ 시작하기 버튼을 클릭했을 때 　• 크기를 '50' 으로 정하기 　• x: '-50' y: '100' 위치로 이동하기 　• 계속 반복하기 　　- '1' 초 동안 x: '80'부터 '120' 사이의 무작위 수 　　　y: '100' 위치로 이동하기 　　- ' (ㄱ) ' 번 반복하기 　　　└ y 좌표를 '-2' 만큼 바꾸기 　　- ' (ㄴ) ' 번 반복하기 　　　└ y 좌표를 '2' 만큼 바꾸기	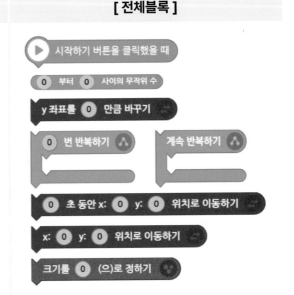

▶ '구름' 오브젝트

'구름' 오브젝트는 지정된 위치에 나타나 왼쪽과 오른쪽으로 이동하는 것을 반복한다.

[처리조건]	[전체블록]
◎ 시작하기 버튼을 클릭했을 때 　• 크기를 '150' 으로 정하기 　• x: '190' y: '80' 위치로 이동하기 　• 계속 반복하기 　　- 이동 방향으로 '1'만큼 움직이기 　　- 만일 '오른쪽 벽'에 닿았는가? 라면 　　　└ 이동 방향을 '270°' 로 정하기 　　- 만일 '왼쪽 벽'에 닿았는가? 라면 　　　└ 이동 방향을 '90°' 으로 정하기	

코딩활용능력
(CAT; CODING ABILITY TEST)

● 시험과목 : 코딩활용능력 3급 (엔트리)
● 시험일자 : 2025. 00. 00.(토)
● 응시자 기재사항 및 감독위원 확인

수 검 번 호	CAT - 2500 -	감독위원 확인

응시자 유의사항

1. 응시자는 신분증 또는 동등한 자격을 갖춘 증빙서류를 지참하여야 시험에 응시할 수 있으며, 시험이 종료될 때까지 신분증을 제시하지 못할 경우 해당 시험은 0점 처리됩니다.

2. 시스템(PC 작동 여부, 네트워크 상태 등)의 이상 여부를 반드시 확인하여야 하며, 시스템 이상이 있을 시 감독위원에게 조치를 받으셔야 합니다.

3. 시험 중 시스템 오류 또는 시스템 다운 증상에 대해서는 응시자 본인에게 책임이 있습니다.

4. 시험 중 부주의 또는 고의로 시스템을 파손한 경우는 응시자 부담으로 합니다.

5. **엔트리 버전은 최소 2.0.53 이상을 사용하여야 하며**, 답안 전송 프로그램을 통하여 배포 받은 파일에 답안을 작성하시기 바랍니다. 감독위원의 지시에 따라 주시기 바랍니다.

6. 작성한 답안 파일은 답안 전송 프로그램을 통하여 자동으로 전송됩니다.

7. 다음 사항의 경우 실격(0점) 혹은 부정행위 처리됩니다.
   ❶ 답안을 저장하지 않았거나, 저장한 파일이 손상되었을 경우
   ❷ 답안 파일을 다른 보조 기억장치(USB) 혹은 네트워크(메신저, 게시판 등)로 전송할 경우
   ❸ 휴대용 전화기 등 통신장비를 사용할 경우

8. 시험을 완료한 응시자는 답안을 저장하고, 답안 파일이 전송되었는지 확인한 후 감독위원의 지시에 따라 문제지를 제출한 후 퇴실하여야 합니다.

9. 시험시간이 종료된 이후에는 답안의 수정 또는 정정이 불가합니다.

10. 시험시행 후 결과는 홈페이지(www.ihd.or.kr)에서 확인하시기 바랍니다.
    ❶ 문제 및 정답 공개 : 2025. 00. 00.(화)
    ❷ 합격자 발표 : 2025. 00. 00.(금)

한국정보통신진흥협회 KAIT
Korea Association for ICT Promotion

유의사항

- 각 문제의 정답은 다음과 같은 규칙으로 ENT 파일을 저장하시오.
  - 저장 위치 : 바탕 화면 > KAIT > 제출파일 폴더
  - 파일명 : CAT-수검번호-이름.ent
    ※ 예시 : 수검번호가 CAT-2500-000000이고 수험자 이름이 홍길동인 경우
    " **CAT-000000-홍길동.ent** "로 저장할 것
- 수검 시 **지문 순서대로 작업**하며, 오브젝트 및 블록 등을 임의 추가 시 감점 처리됨
- **【문제 2】**는 블록코딩을 원칙으로 하며, 오브젝트 설정 창에서 설정 시 감점 처리됨

프로젝트 설명

날아오는 축구공을 손바닥으로 막아야 한다.
축구공은 지정된 위치에 나타나 움직이며, 골대에 닿으면 골인이 된다.

【문제 1】 다음 [처리조건]에 따라 배경 및 오브젝트를 설정하시오. (10점)

▶ **배경 설정하기**

[처리조건]	[배경]
◎ '꽃밭(3)' 배경 불러오기 - 이름을 '**운동장**'으로 변경하기	꽃밭(3)

▶ **오브젝트 설정하기** (오브젝트는 순서대로 불러올 것)

[처리조건]	[오브젝트]	
① '글러브' 오브젝트를 불러오기 - 이름을 '**손바닥**'으로 변경 ② '골대(3)' 오브젝트를 불러오기 - 이름을 '**골대**'로 변경 ③ '동전' 오브젝트를 불러오기 - 이름 **변경 없음** ④ '축구공' 오브젝트를 불러오기 - 이름 **변경 없음** ※ 기존의 '엔트리봇' 오브젝트는 삭제한다.	① 글러브	② 골대(3)
	③ 동전	④ 축구공

【문제 2】 [전체블록]을 모두 사용하여 [처리조건]에 따라 오브젝트를 코딩하시오. (90점)

▶ **'손바닥' 오브젝트**

'손바닥' 오브젝트는 마우스포인터의 위치를 따라 움직이며
'동전' 오브젝트에 닿으면 크기를 '1' 만큼 키운다.

[처리조건]	[전체블록]

◎ 시작하기 버튼을 클릭했을 때
• 크기를 '30' 으로 정하기
• 계속 반복하기
  - '마우스포인터' 위치로 이동하기
  - y: '20' 위치로 이동하기
  - 만일 '동전' 에 닿았는가? 라면
    └ 크기를 '1'만큼 바꾸기
  - 만일 '자신'의 크기 > 50 이라면
    └ '훈련 끝!'을 '2' 초 동안 말한다.
    └ '모든' 코드를 멈춘다.

▶ **'골대' 오브젝트**

'골대' 오브젝트는 지정된 위치에 나타나며,
'2'초 마다 크기를 '10' 만큼 키우기를 '10'번 반복한다.

[처리조건]	[전체블록]

◎ 시작하기 버튼을 클릭했을 때
• 크기를 '150' 으로 정하기
• x: '0' y: '150' 위치로 이동하기
• 방향을 '90°' 로 정하기
• ' (ㄱ) ' 번 반복하기
  - 크기를 ' (ㄴ) ' 만큼 바꾸기
  - '2' 초 기다리기

▶ '동전' 오브젝트

 '동전' 오브젝트는 '2' 초마다 다른 위치로 이동하며
'손바닥' 오브젝트에 닿으면 숨긴다.

[처리조건]	[전체블록]

◎ 시작하기 버튼을 클릭했을 때
　• 크기를 '30' 으로 정하기
　• 계속 반복하기
　　- '다음' 모양으로 바꾸기
　　- 만일 '손바닥' 에 닿았는가? 라면
　　　└ 모양 숨기기
◎ 시작하기 버튼을 클릭했을 때
　• 계속 반복하기
　　- x: '-180' 부터 '180' 사이의 무작위 수
　　　y: '20' 위치로 이동하기
　　- 모양 보이기
　　- '2' 초 기다리기

▶ '축구공' 오브젝트

 '축구공' 오브젝트는 지정된 위치에 나타나 '벽'에 닿을 때까지 '3'만큼 움직인다.
'손바닥' 오브젝트에 닿으면 모양을 숨긴다.
'골대' 오브젝트에 닿으면 '골인!'을 '1'초 동안 말하고 모든 코드를 멈춘다.

[처리조건]	[전체블록]

◎ 시작하기 버튼을 클릭했을 때
　• 크기를 '80' 으로 정하기
　• 계속 반복하기
　　- x: '0' y: '-100' 위치로 이동하기
　　- 이동 방향을 '-60'부터 '60' 사이의 무작위
　　　수로 정하기
　　- 모양 보이기
　　- 벽에 닿았는가? 이 될 때까지 반복하기
　　　└ 이동 방향으로 '3'만큼 움직이기
　　　　└ 만일 '손바닥'에 닿았는가? 이라면
　　　　　〉 모양 숨기기
　　　　　〉 반복 중단하기
◎ 시작하기 버튼을 클릭했을 때
　• 계속 반복하기
　　- 만일 '골대'에 닿았는가? 라면
　　　└ '골인!'을 '1'초 동안 말하기
　　　└ '모든' 코드 멈추기

코딩활용능력
(CAT; CODING ABILITY TEST)

◉ 시험과목 : 코딩활용능력 3급 (엔트리)
◉ 시험일자 : 2025. 00. 00.(토)
◉ 응시자 기재사항 및 감독위원 확인

수 검 번 호	CAT - 2500 -	감독위원 확인

응시자 유의사항

1. 응시자는 신분증 또는 동등한 자격을 갖춘 증빙서류를 지참하여야 시험에 응시할 수 있으며, 시험이 종료될 때까지 신분증을 제시하지 못할 경우 해당 시험은 0점 처리됩니다.

2. 시스템(PC 작동 여부, 네트워크 상태 등)의 이상 여부를 반드시 확인하여야 하며, 시스템 이상이 있을 시 감독위원에게 조치를 받으셔야 합니다.

3. 시험 중 시스템 오류 또는 시스템 다운 증상에 대해서는 응시자 본인에게 책임이 있습니다.

4. 시험 중 부주의 또는 고의로 시스템을 파손한 경우는 응시자 부담으로 합니다.

5. **엔트리 버전은 최소 2.0.53 이상을 사용**하여야 하며, 답안 전송 프로그램을 통하여 배포 받은 파일에 답안을 작성하시기 바랍니다. 감독위원의 지시에 따라 주시기 바랍니다.

6. 작성한 답안 파일은 답안 전송 프로그램을 통하여 자동으로 전송됩니다.

7. 다음 사항의 경우 실격(0점) 혹은 부정행위 처리됩니다.

   ❶ 답안을 저장하지 않았거나, 저장한 파일이 손상되었을 경우

   ❷ 답안 파일을 다른 보조 기억장치(USB) 혹은 네트워크(메신저, 게시판 등)로 전송할 경우

   ❸ 휴대용 전화기 등 통신장비를 사용할 경우

8. 시험을 완료한 응시자는 답안을 저장하고, 답안 파일이 전송되었는지 확인한 후 감독위원의 지시에 따라 문제지를 제출한 후 퇴실하여야 합니다.

9. 시험시간이 종료된 이후에는 답안의 수정 또는 정정이 불가합니다.

10. 시험시행 후 결과는 홈페이지(www.ihd.or.kr)에서 확인하시기 바랍니다.

    ❶ 문제 및 정답 공개 : 2025. 00. 00.(화)

    ❷ 합격자 발표 : 2025. 00. 00.(금)

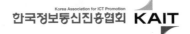

유의사항

- 각 문제의 정답은 다음과 같은 규칙으로 ENT 파일을 저장하시오.
  - 저장 위치 : 바탕 화면 > KAIT > 제출파일 폴더
  - 파일명 : CAT-수검번호-이름.ent
    ※ 예시 : 수검번호가 CAT-2500-000000이고 수험자 이름이 홍길동인 경우
    " **CAT-000000-홍길동.ent** "로 저장할 것
- 수검 시 **지문 순서대로 작업**하며, 오브젝트 및 블록 등을 임의 추가 시 감점 처리됨
- 【문제 2】는 블록코딩을 원칙으로 하며, 오브젝트 설정 창에서 설정 시 감점 처리됨

프로젝트 설명

상어가 물고기를 먹으면 크기가 커지고, 해파리나 복어를 먹으면 크기가 줄어든다.
상어의 크기가 원하는 물고기만 먹고 성장할 수 있을까?

 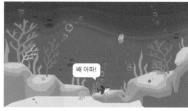 

【문제 1】 다음 [처리조건]에 따라 배경 및 오브젝트를 설정하시오. (10점)

▶ 배경 설정하기

[처리조건]	[배경]
◎ '바닷속(2)' 배경 불러오기 - 이름을 '**바닷속**'으로 변경하기	바닷속(2)

▶ 오브젝트 설정하기 (오브젝트는 순서대로 불러올 것)

[처리조건]	[오브젝트]	

① '노란 복어' 오브젝트를 불러오기
   - 이름을 '**복어**'로 변경하기
② '짧은 해파리' 오브젝트를 불러오기
   - 이름을 '**해파리**'로 변경하기
③ '주황 물고기' 오브젝트를 불러오기
   - 이름을 '**물고기**'로 변경하기
④ '상어(1)' 오브젝트를 불러오기
   - 이름을 '**상어**'로 변경하기
※ 기존의 '엔트리봇' 오브젝트는 삭제한다.
	① 노란 복어	② 짧은 해파리

	③ 주황 물고기	④ 상어(1)

【문제 2】 [전체블록]을 모두 사용하여 [처리조건]에 따라 오브젝트를 코딩하시오. (90점)

▶ **'물고기' 오브젝트**

 '물고기' 오브젝트는 이동 방향으로 '1'만큼 움직이다가 화면 끝에 닿으면 튕긴다.

[처리조건]	[전체블록]
◎ 시작하기 버튼을 클릭했을 때 • 크기를 '30'으로 정하기 • x: '120' y: '-130 부터 130 사이의 무작위 수' 위치로 이동하기 • 방향을 '0'부터 '360' 사이의 무작위 수로 정하기 • 계속 반복하기 　- 이동 방향으로 '1' 만큼 움직이기 　- 만일 '벽'에 닿았는가? 라면 　　└ 상하 모양 뒤집기 　　└ 화면 끝에 닿으면 튕기기 　- 만일 '상어'에 닿았는가? 라면 　　└ 모양 숨기기 　　└ '2'초 기다리기 　　└ 모양 보이기	

▶ **'해파리' 오브젝트**

 '해파리'는 화면 아래쪽에서 나타나 벽에 닿을 때까지 위쪽으로 이동한다.

[처리조건]	[전체블록]
◎ 시작하기 버튼을 클릭했을 때 • 크기를 '30'으로 정하기 • 계속 반복하기 　- x: '-130'부터 '130' 사이의 무작위 수 　　y: '-100' 위치로 이동하기 　- 방향을 '-45'부터 '45' 사이의 무작위 수로 정하기 　- 모양 보이기 　- '벽'에 닿았는가?이 될 때까지 반복하기 　　└ 이동 방향으로 '1' 만큼 움직이기 　- 모양 숨기기	

▶ '복어' 오브젝트

'복어' 오브젝트는 이동 방향으로 '1'만큼 움직이다가 화면 끝에 닿으면 튕긴다.

[처리조건]	[전체블록]

◎ 시작하기 버튼을 클릭했을 때
- 크기를 '30' 으로 정하기
- x: '120' y: '-130 부터 130 사이의 무작위 수' 위치로 이동하기
- 좌우 모양 뒤집기
- 계속 반복하기
  - 이동 방향으로 '1' 만큼 움직이기
  - 화면 끝에 닿으면 튕기기
  - 만일 '벽'에 닿았는가? 라면
    └ 상하 모양 뒤집기

▶ '상어' 오브젝트

'상어' 오브젝트는 마우스 포인터를 따라다닌다.
'상어' 오브젝트가 '물고기' 오브젝트에 닿으면 크기를 '1'만큼 키운다.
'상어' 오브젝트가 '해파리' 오브젝트나 '복어' 오브젝트에 닿으면 크기를 '2'만큼 줄인다.

[처리조건]	[전체블록]

◎ 시작하기 버튼을 클릭했을 때
- 크기를 '30' 으로 정하기
- 계속 반복하기
  - '마우스포인터' 위치로 이동하기
  - 만일 '물고기'에 닿았는가? 라면
    └ 크기를 '1'만큼 바꾸기
  - 만일 '복어'에 닿았는가? 라면
    └ '앗! 따거워'를 '1' 초 동안 말한다.
    └ 크기를 ' - (ㄱ) '만큼 바꾸기
  - 만일 '해파리'에 닿았는가? 라면
    └ '배 아파'를 '1' 초 동안 말한다.
    └ 크기를 ' - (ㄴ) '만큼 바꾸기
◎ 시작하기 버튼을 클릭했을 때
- 계속 반복하기
  - 만일 '자신'의 '크기' > '50' 이라면
    └ '나는 바다의 왕'을 '1' 초 동안 말한다.
    └ '모든' 코드 멈추기
  - 만일 '자신'의 '크기' < '20' 이라면
    └ '실패!'를 '1' 초 동안 말한다.
    └ '모든' 코드 멈추기

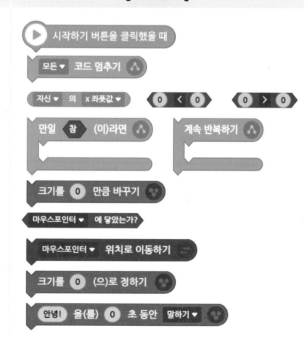

MEMO